朝聖台灣

燒王船、迎媽祖，
一位攝影記者的三十年祭典行腳

陳逸宏 攝影・口述
沈維巖 文字撰述

神明欽點的攝影師

台灣民俗信仰學者・台中教育大學台文系主任
——林茂賢

民間廟會不僅是單純的宗教信仰活動，神明的聖誕祭典、遶境進香、酬神謝平安等各種慶典，都會附加陣頭遊行、傳統戲曲、音樂等表演藝術。地方宮廟是民間的文化中心，廟會現場就是「民間劇場」。此外，廟會活動也兼具安定人心、社區組織動員、促進地方產業經濟、建立人際關係、社群交陪聯誼等多重社會功能。直言之，民間的廟會可以反映當地的社群組織、經濟狀況、文化藝術和政治生態，是社會觀察最真實的對象。

陳逸宏是一個傳奇人物，他出身東港漁村，大學就讀社工系卻熱衷攝影，畢業後從事攝影記者工作。東港子弟讓他成為王爺轎班繼承人；攝影記者使他必須站在第一線記錄活動現場；廟會愛好者讓他自願義務為神明服務。歷經三十載歲月，他依然站在現場不曾離去。

逸宏原本是拍攝時尚風潮題材，但童年的記憶、鄉情的呼喚，讓他回歸原始的初衷，以宗教廟會作為拍攝主題。因為王爺子弟的宿命，讓他理所當然成為民俗參與者；攝影記者的專業，使他能精確掌握廟會的精神、內涵，為活動留下最真實的記錄。一切彷彿冥冥中都早已註定，他必然是台灣民俗文化的見證者。

第一次見到逸宏的廟會攝影就深受感動，或許是東港人、王爺信徒的背景，使他對廟會有真實、深切的感情。也許是社工系的基礎使他的作品充滿社會關懷，逸宏以相機鏡頭記錄王爺與王船、媽祖遶境進香等民俗活動，這些民俗廟會就是台灣常民文化的特色。他拍攝廟會中的陣頭、香燈腳、乩童、轎班、信徒，這些廟會中最基層、卑微的人物，他們不是宮廟的領導幹部、不是地方仕紳角頭、不是廟會的決策者，他們沒有發言權，不會出現在媒體中，但這群默默無名的參與者，卻是廟會活動中的主體。因為他們的存在，神明才神威顯赫，民俗廟會才熱鬧精采！

逸宏拍攝對象包含媽祖、王爺……等眾多神明的祭典，記錄民間廟會活動中的影像；為了拍攝最真實的畫面，逸宏衝鋒陷陣義無反顧、實際參與各項民俗活動，還身體力行去爬孤棚、吃炮、遶境。逸宏的民俗攝影不僅有精彩的畫面，且在作品中都附有精簡的文字說明，或敘述自己的感想，他的作品不只是一張張美麗的圖片，更兼具深度與溫度，經由他的鏡頭，可以讓未能親身參與的讀者，也能認識台灣廟會文化之美。如今逸宏將其三十年廟會作品集結出版，我欽佩他的熱忱、堅持，樂於推薦本書，作為認識台灣廟會文化的開始。

逸宏是王爺的子弟、媽祖的志工、廟會的參與者，我認為他是神明欽點、指定的「駕前攝影師」。我經常會碰到自稱「帶天命」、「奉神諭」因而投入救人濟世的神職人員，此說如果成立，那逸宏東港王爺子弟、媒體攝影記者、廟會觀察者的背景，或許不僅是他自己的選擇，而是神明賦予的使命。

《朝聖台灣：燒王船、迎媽祖，一位攝影記者的三十年祭典行腳》，讓讀者看到民間祭典活動精彩畫面，也讓我們體會民間信仰的力量，感受到信眾的虔誠，更期待逸宏「好膽麥走」，繼續為台灣廟會文化留下最真實的記錄。

跟著神明腳步移動的鏡頭

白沙屯拱天宮主委——**洪文華**

東港子弟陳逸宏先生，是職業攝影記者出身，三十年來以其專業攝影技能，拍攝寶島台灣的燒王船、媽祖進香珍貴影像。近期集結成冊出版《朝聖台灣：燒王船、迎媽祖，一位攝影記者的三十年祭典行腳》一書。

其中「白沙屯媽祖起駕」、「進香路上」、「回鑾」、「白沙屯二媽遊庄」等篇章，圖文並茂，盡顯白沙屯媽祖進香的感動。

特別是「白沙屯二媽遊庄」單元，更是完美呈現二媽帶領白沙屯地區角頭廟宇的神明及香燈腳一同遊庄，巡視鄉土與賜福居民，與土地結合的美不勝收，令人驚豔。

解密朝聖

「曾文溪的一千個名字」潛行攝影隊．攝影師——**陳伯義**

跟逸宏學長的緣分，總是在廟會現場。

一九九二年的大甲媽祖，他在遶境隊伍中飄忽不定的出現，向我提點幾個拍照重點。第二次再看到學長，已經是八年後的東港迎王祭典。會注意到他，是因為在牽王船遶境的隊伍中，總是在關鍵時刻看到這個人冷靜出手，然後安靜悠悠地飄開，等到一堆攝手注意到時，事件的關鍵時間已經過了。況且這個人的站位精準，我刻意繞到他身旁拍下背影，心中懸念未解，此人太像我在輔大攝影社的大學長。又過了三年，在陳春祿老師的網站上，透過那張背影，才跟學長相認。

從二〇〇三年開始，就常跟他衝遍台灣各地的廟會。如果你是追逐廟會的同好，這本書可以幫你見證朝聖的魔術時刻與追逐信仰廟會的訣竅：如果你是愛拍照的發燒友，這是本解密三十年專業攝影人的拍照站位與快門時間的寶貴範例。

有道光引導他的鏡頭朝向聖靈

台南國際攝影節總策展人——**黃建亮**

東港人陳逸宏是服侍王爺的子民，信仰是存在他血液裡活生生的日常，而攝影陪著他熟成。從原本的興趣到專業的新聞工作，他對攝影的真愛執著，就連休閒也只想拍攝不同的體裁。

根植在地的身分認同，記者的好奇態度，專業的追求三十五年如一日。既要完成現實生活中繁重、分秒必爭的工作，休假時還要緊跟著南北各地不同神明的科儀時程。

我幾次在廟會現場，親眼目睹他輕巧地殺進殺出的快狠準，那是「火力全開＋熱情＋專業＋頂真＋固執」的總和。

貼心的他，不藏私地將相關拍攝技術完整公開。對於好奇廟會活動的熱鬧，但始終不得其門而入的攝影愛好者，這絕對是一本不可多得的工具書。

目次

開場之一

白沙屯媽祖進香，抵達北港朝天宮前，先經過北港鎮溝皂里，時值小滿前夕，稻禾綠盈。
攝於二〇一八年

我與廟會的淵源、我與攝影的淵源、三個身分

我與廟會的淵源

作者陳逸宏 工作照

我的職業是攝影記者，由於工作的關係，經常到很多地方採訪。每到一個陌生城鎮，一定會去傳統市集逛逛。如果說市集是人們物質生活的縮影，祭典就是人們精神生活的延展。

因為從小在王船的故鄉——東港長大，我們自稱為王爺公的子民，不管男女老幼，都有神職在身。由於這樣先天身分的關係，自己在大學念的是社會學、心理學，此間有某種程度的契合，又有某些程度的衝突。為什麼會對祭典情有獨鍾？當攝影記者除了工作之外，我的休閒活動就是拍廟會和祭典。我常開玩笑說，我跟太太談戀愛時，別人是在約會，我們是在衝廟會。

我在心理學裡面找到馬斯洛的著作，是大家耳熟能詳的金字塔理論，頂級叫做「自我實現」。他為自我實現下了一個結論：「我們將每一次的日落當成像第一次看到的壯麗，每一朵花都有第一次觀賞的可愛，即使見過一萬次的花朵，即使見過了一千次的嬰孩，都像是初見的奧妙。」

早年學攝影用的是底片，用黑白底片拍了許多祭典與廟會，然後自己洗照片。有暗房經驗的人都知道，在紅紅燈光下，看到相紙在顯影劑中浮現影像，那份悸動和馬斯洛所說的自我實現是吻合的。在這麼多的祭典廟會中，現在回頭看自己一直在尋找的，用心理學來講，就是超我的領域。可是又必須用本我和自我為經緯，去架構一個可以被理解的影像成品。這中間的神祕高峰經驗，只能意會，很難用一張圖來說明。只有保持對未知的尊敬與謹慎，才能繼續走在探索之路。

台灣大型宗教祭典非常多，跟我比較有淵源的是，故鄉東港的王爺信仰，和後來將近二十年左右媽祖信仰的記錄。從學生時期懵懵懂懂、外行看熱鬧，到現在稍有組織的記錄，每次去參加都有不同的體驗和收穫。因為縱使是同樣的白沙屯媽祖進香，每年行腳所遇到的人都不一樣。為什麼會這麼著迷？我認為祭典是攝影人的修練場，在這邊可以找到很多創作的素材，變化多端，因緣巧妙就看個人造化。

疫情肆虐，重新看信仰

很多事和當時社會環境有關，例如，二〇二〇年遇到新冠肺炎，二〇二一年的祭典中應該可以觀察到許多應時的調整。例如白沙屯拱天宮這麼多年來，從沒有做過禳災除瘟祈安法會，二〇二〇年也舉辦了。在傳統中會加入什麼元素來因應這件事，是值得關注的。二〇二〇年底剛結束的青山王祭典，過去沒有那麼大的規模，然而這次，連北港朝天宮正駕糖郊媽，都專程搭乘火車前往參加青山王祭，還有白沙屯拱天宮、四湖參天宮、淡水清水巖祖師廟、新莊地藏庵和大甲聖母宮……。二〇〇三年 SARS 肆虐期間，青山王也特別出巡遶境，撫慰民心，這都是宮廟文化因時制宜的體現。

信仰有如空氣，平常很安全的時候，不覺得可貴，陷入恐慌的時候，必須靠信仰來安定；不管身體不管心理，吸不到空氣時，才體會到它的重要。青山王祭典擴大舉行，白沙屯媽祖、北港朝天宮媽祖等，都前來共襄盛舉。然而青山宮這個載體，不一定承擔得了這麼大規模盛會的相關行政事宜，才會在後來出現了一些批評聲量。不過這也是好事，剛好有機會來重新思考。

這是我出版這本書時所想到的，介於傳統和現代之間，如何因時制宜，重新因應社會需求，這都很值得我們思考。從以前的角色怎麼演變到現今的角色？未來又要怎麼走？這是我在這些年的踏查中，一直不斷探索的主要脈絡。

攝影經驗談

冥冥之中的卡位契機——善用現場地形制高點

曾有一年，我站在北港朝天宮廟門旁，想拍頭旗及鑾轎衝進廟門的畫面就好，但拍完了卻沒辦法離開。因為我雙腳離地整個人被群眾夾進廟門裡，一進去廟門就關了。沒多久砰一聲，廟門拴子被推擠掉下來，馬上有人爬上去把門栓插回去。這張照片（第十四頁）是我在旁邊的一間旅館頂樓拍的。鑾轎入廟之前，我在北辰派出所拍完後，完全沒有預期會有這個機會。依照攝影記者的習慣，總想用廣角鏡頭，在第一線捕捉親臨現場的畫面，但是當時人滿為患，根本不可能擠到第一線。沒想到走到這個建築物下面，發現是一間新的旅店，我看到一個穿西裝的年輕人正要進去，就問了：「可不可以到頂樓拍攝？我是攝影記者。」沒想到他就是飯店經理！雖然有管制，但開放兩層可以讓攝影記者拍，冥冥之中就被帶領到頂樓，卡到一個最好的位置而拍下這張照片。

攝影經驗談

用移軸鏡凸顯主題

我很常用的一個鏡頭叫移軸鏡，如果有興趣可以去查日本有一個攝影家叫本城直季，他的代表作《small planet》（二〇〇六年），是從很高的角度，利用移軸鏡的特色把主題凸顯出來。我也是用這種方式，把視覺集中，而不是用大光圈的方式。這種方式空拍機可以輕鬆做到，找到適合的制高點也是不錯的選擇。

如果說魚眼鏡是倚天劍，那移軸鏡就是屠龍刀！魚眼和移軸這兩個鏡頭，影像語言是很強的，通常用在很特殊的場合。攝影作品如果要埋梗（hook），就是所謂的「刺點」，有種方式叫做「真、假、虛、實」，就是把真的拍得像假的，假的拍得像真的。像我們拍模型，把假的拍成像真的。這次反過來，是把真的拍得像假的，造成一種視覺的「擬假」。

移軸鏡很好玩，景深可以走直的、橫的，也可以走斜的。選移軸的目的，可以把旁邊很雜亂的背景變成模糊散景，第十四頁這張照片如果從頭到腳都是清楚的，主題就無法凸顯。移軸的功能就是軸線上的被攝體是清楚的，這是移軸的特色。以往拍建築必須用廣角鏡，從下往上拍會產生桶狀形變。移軸鏡可以改變光軸，用來抑制形變。

野柳神明淨港，神轎跳水的瞬間。這張照片使用直式移軸，以凸顯廟宇及神轎主體。

攝於二〇〇九年

白沙屯媽祖鑾轎抵達北港朝天宮入廟時之盛況

白沙屯媽祖進香經過四天徒步，到北港朝天宮入廟的盛況。這是媽祖鑾轎入廟時，三進三退的畫面。最後衝進去時大家會喊著：「進啊！進啊！」現場群眾熱血沸騰，情緒激昂。

攝於二〇一八年

臨場應變，魚眼鏡表現大場面

當時聽到先行場勘的同事說附近沒有制高點，便決定帶魚眼鏡頭南下，那時候沒有空拍機，一千二百頭豬非常壯觀。我們幾個攝影記者花了兩千元合租一台剪刀車，本來可以開到定點，孰料下過雨，地上太泥濘而無法開過去，只好又花了三千元請來吊車，把剪刀車吊到定點升上去，等到傍晚火車經過，才拍到左圖這個畫面。

使用移軸或魚眼鏡頭需要特別練習，遇到主題適合，才用這種鏡頭來凸顯。功力如果不足，貿然使用倚天劍和屠龍刀的話，容易傷到自己。

1
2

1. 2.　台南仁德武德宮建醮，請示王爺，從六百頭豬開始擲筊，一直到一千二百頭才允旨，是王爺降旨特別場。從早上開始擺設，一千二百頭豬用卡車、山貓一車一車載進醮場，直到傍晚才擺完。等半夜乩童祭改點巡完，便開始撤場。這種場面太震撼，從沒有在其他醮場出現過！這些供品都是在地人自發奉獻的。據說只能買到四百頭，其他八百頭是租來的，租完再送回去。如果真的一千二百頭要在地人自己吃，根本很難消耗完。

攝於二〇〇七年

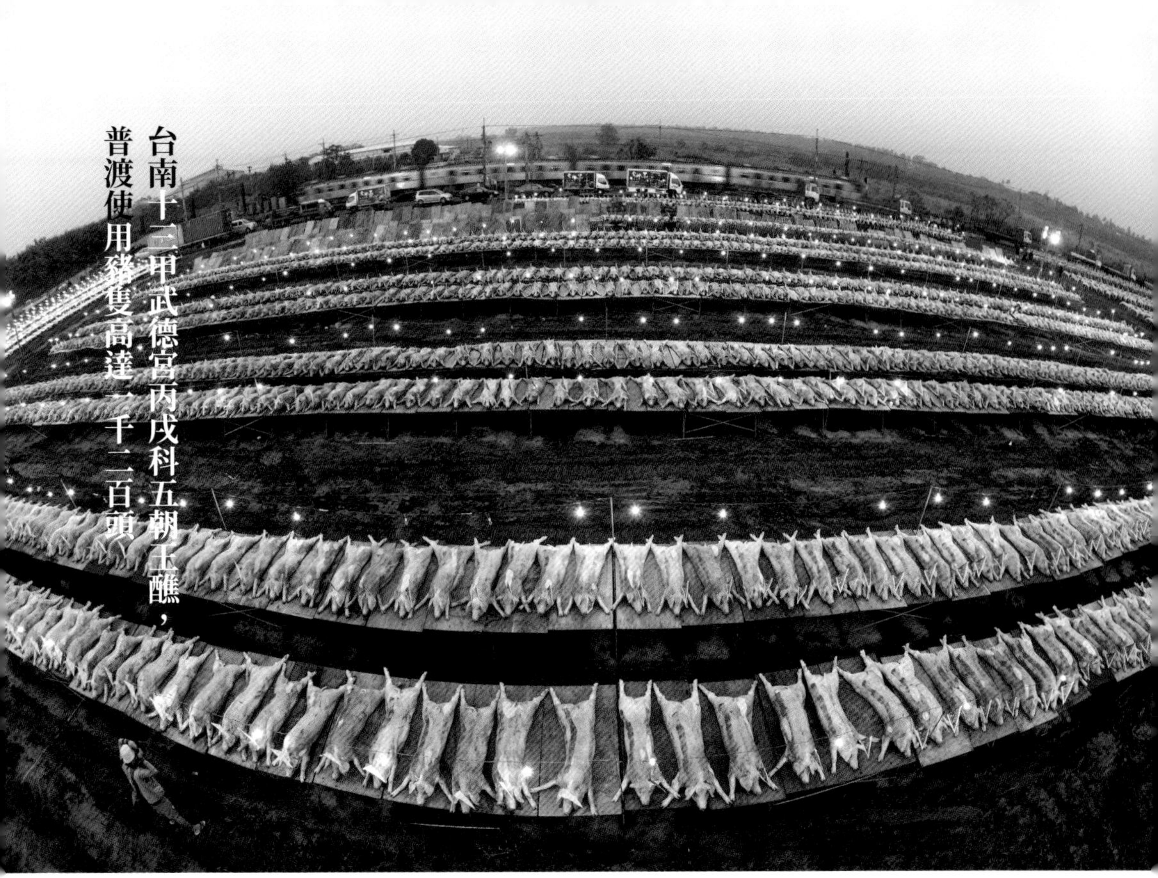

台南十三甲武德宮丙戌科五朝王醮，
普渡使用豬隻高達一千二百頭

台南十三甲武德宮丙戌科五朝王醮，
出動剪刀車，以旱地拔蔥之姿迎戰千豬之容

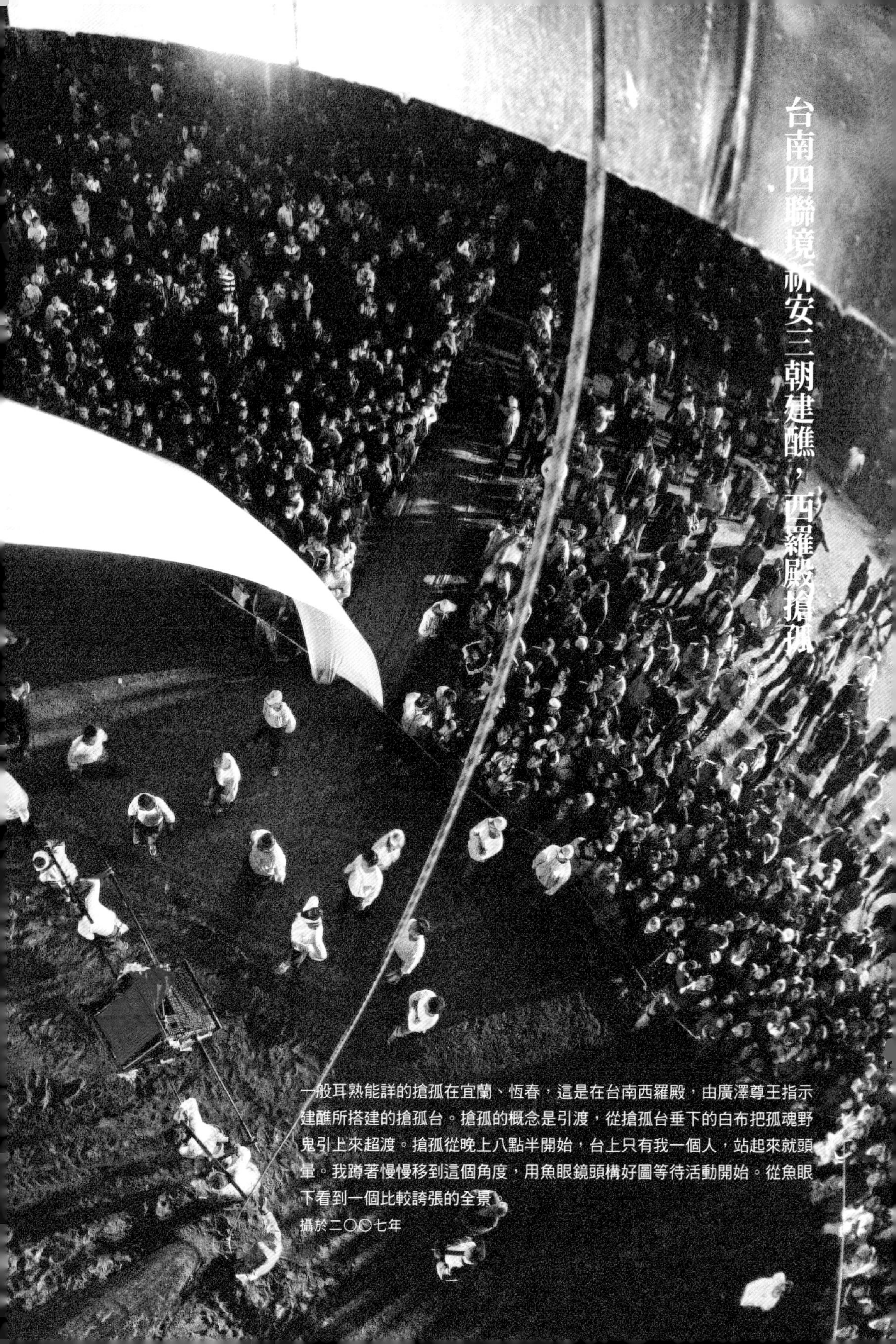

台南四聯境祈安三朝建醮，西羅殿搶孤

一般耳熟能詳的搶孤在宜蘭、恆春，這是在台南西羅殿，由廣澤尊王指示建醮所搭建的搶孤台。搶孤的概念是引渡，從搶孤台垂下的白布把孤魂野鬼引上來超渡。搶孤從晚上八點半開始，台上只有我一個人，站起來就頭暈。我蹲著慢慢移到這個角度，用魚眼鏡頭構好圖等待活動開始。從魚眼下看到一個比較誇張的全景。

攝於二〇〇七年

攝影經驗談

為拍攝不同角度，冒險登搶孤台（前頁）

祭典前兩個月，我在報紙做了全年度台南祭典的全版報導，在地攝影家陳伯義拿了報導給廟方看。當時被邀到現場時突然萌生一念，一般拍攝搶孤都是從下往上拍，我就問可以上去嗎？廟方確認了我的意願，同意讓我上去。搶孤台至少五層樓高，上面是平的鋼板所構成，我從中間的梯子爬上去。法師及相關的人員爬上去後會用紅紙封住，所有人員就不能下去了。

搶孤台上是最陰之處，上來前要祭拜，還要帶符令護身。我本來就隨身帶符令倒是不怕，但是上去後才發現我有懼高症，那個鋼的平台不是密封的，孔洞可以直接看得到地面！當時不知哪來的膽子？爬上去才發現苗頭不對，站起身時風陣陣吹來，吹得我心驚膽跳，心想沒事幹嘛逞強啊？但只能硬著頭皮撐下去。塗滿油的柱子超難爬，參加者會綁繩子在身上，一則預防人掉下去，二來是等比賽結束、第一名誕生後，其他參加者也沒力了，就直接把他們拉上去，多虧我在上面才看得到全程。事後想想，我大概算是第一個站在搶孤台上的攝影記者。

1
2

1. 雲林麥寮準備前往送王的王船，背景正好是六輕。工業污染在當地已經是長期的傷害，現代的工業疑似污染，用傳說抵抗瘟神的王船來對抗，這是一種隱性的抗爭？還是無奈的心靈安撫？我在現場有很多的疑問。儀式用意為何？官方說法就是，王爺指示要出巡，不是每年，也不是三年一次，而是王爺有指示才會舉行。特別像是二〇二〇年很多的廟宇都做了「法船」及法會來祈福禳災，王船起源和瘟神有關。動員在地居民參與，污染已是當地長期抗爭，王爺出巡，掃蕩群魔。在影像上對抗形成衝突和矛盾。這種儀式對當地居民是一個心理安慰？或是有實質幫助？
王船代表王爺出巡，王爺是代天巡狩，所到之處會把不好的東西趕走。但從六輕的角度來看，或許他們不認為自己是妖魔鬼怪。我用長鏡頭把兩者畫面壓縮在一起，或許是另一種潛藏暴力的控訴？
攝於二〇一〇年

2. 五毒大神陣成員共有八位，除了綠、白、紅、黑、黃五位大神，另有前導的三位文武差爺。圖為頭戴羊角箍的武差爺特寫。
攝於二〇一五年

小辭典 法船

祭祀或法會中，燒化用來祈福、解厄、許願、還願，源自佛學中渡化航向彼岸淨土。

雲林麥寮鎮安宮送王

屏東東港乙未正科·東隆宮迎王／請水，共和堂欽點五毒大神

屏東東港乙未正科・東隆宮迎王／遶境，鎮靈宮十三太保

小時候有個印象鮮明的記憶：東港迎王三年一科，每逢大科年，全校師生都會技術性自動放假一個禮拜，全鎮參與。當時班上有位同學成績比較落後，昨天因為成績不好被老師處罰打得唉唉叫，今天迎王開始，他的神職是五毒大神，就看到老師拿香跪在路邊拜他。這件事一直讓我很錯亂，我跑去跟老師說，我想去應徵乩童或家將。老師就對我柔性勸說：「你當班長可以天天管五毒，而五毒三年才一次，你還是當班長好了。」這才打消我的念頭。

人跟神之間的角色轉換，當有了神職之後，人性可以被如何詮釋？怎樣被看待？在拍攝祭典時，我往往不是全心全意的投入，在某個程度，反而是旁觀的角度。在拍攝時我常常會思考這類的問題，這是我記錄廟會時一直存在的觀點。

攝於二〇一五年

我與攝影的淵源

我跟攝影的淵源起自父親，他曾是台北市攝影學會成員。我十三歲開始接觸單眼相機，當時用的是Canon AE-1。台灣攝影界有分學院派和學會派，學會派多半是拍些風花雪月，像是風景、美女……等。我小學畢業時就有一五八公分，漢草算不錯，所以常幫爸爸背相機器材一起出門。我都說自己是「機」童——背著相機的小孩。

高中時要交地理報告，大家都用手繪。我跟爸爸說，想用照片交報告，於是便順理成章地請他教我相機的基本操作。我的報告主題是住家附近的公園測繪，除了手繪之外，又增加照片輔助，自然得高分，也就這樣名正言順開始學習攝影。其實真正的目的不是為了地理報告，而是為了約女生出去拍照。一捲底片一百塊，沖底片加上洗成照片，一卷成本大概三百塊，費用當然是我爸出。拍照可以跟心儀的女生見一次面，看片或挑片、加洗，又可以再見一次，投資報酬率聽起來不錯！說起來其實不是很「健康」的心理，但那時候懵懵懂懂，約了很多女生出外景，但到最後都是在照顧別人的女朋友。

那個年代可以參考的書跟資訊都很少，不像現在網路上到處抓得到資料。我的另一位很嚴格的啟蒙老師，就是我爸的朋友——沖洗店老闆。去拿照片的時候，他就一張一張罵，告訴我這裡可以怎麼改進、那裡可以怎麼改進，就這樣一張一張地教我。

我爸和沖洗店老闆，就是我的攝影啟蒙老師。到了高中，一切就自己摸索。

下課後，我常到重慶南路書店找攝影書籍。有一次在書店街看到一本書，書名寫著「天體攝影」，眼睛為之一亮，以為是人體攝影，打開一看原來是水星、木星、火星……，此天體非彼天體！鬧了一個笑話。

考大學時我一心想念大傳系，加重計分後差〇．五分而進了社工系。開學第一件事不是去找系館，而是去攝影社報到。進攝影社後，我一路就這樣拍啊拍，參加過全國大專盃，還有KONICA、KODAK、FUJI舉辦的各種比賽。當時成績還不賴，拿過幾個金牌。以前學底片攝影的，對這三大品牌應該都不陌生，還有AGFA也很棒，這品牌後來因故退出台灣市場，實在可惜。

三十歲以前，覺得拍時尚才是王道；三十歲以後，覺得拍fashion變得無趣。突然有一天，我就回過頭來拍自己耳熟能詳的廟會。大概是年紀的關係吧，或是神明的召喚，我的鏡頭開始對準廟會和祭典，所有休假都在廟會或祭典現場。台灣有一些專門跑廟會祭典的朋友們，他們對於科儀、流程等非常瞭解，我沒有到那麼專精，就是單純以一個攝影記者的角度。如果不是工作需求的報導，就只會拍我想記錄的畫面。

我最早接觸是是一九九〇年開始拍大甲

媽祖，算是比較大型的廟會記錄的開始。當時攝影社的指導李坤山老師，拍了很多風景和人文，他認為我們應該去跟拍大甲媽祖。我們一整團，算是第一個用學生社團的名義去申請拍攝大甲媽祖。一九九〇到二〇〇〇的十年間，我並沒有每年去，而是斷斷續續去了四、五回進行拍攝。後來因為工作的緣故，才又開始回頭去拍，這時開始用數位相機拍彩色照片，以前都是拍黑白的。

三十歲以前我從事商業攝影，拍人像、拍婚紗、拍產品，一直到現在，它是我謀生的技能。攝影除了謀生，還可以拿來作為興趣。有些人的工作和興趣是完全分開的，我剛好使用同一種工具，二合為一。我很喜歡出差的原因是，可以在某些時候意外拍到自己喜歡的照片。在工作的版面上可能不會用到，就成了私房的作品。如果不是因為採訪，有些地方可能一輩子都不會去。我也試著把拍廟會這種題材融入我的工作之中，比如說，我會跟旅遊組組長講，你們會飛大老遠去看巴西嘉年華，台灣就有。於是我帶他去看大甲媽祖遶境進香，不要用信仰或宗教的角度去看，而是把祭典當作嘉年華，光是藝閣與陣頭的臉譜、服裝及演出就琳瑯滿目，教人目不暇給。我們用看熱鬧的角度去欣賞，他的視覺便完全被震懾住。

我們當時從大甲媽祖起駕一路跟拍一整天，連夜發稿、發圖（回報社）到天亮，第三天做版，第四天大甲媽祖入廟當天，全版見報。以前的報導都是調用資料照片，全程八天七夜，我們在第四天就見報，幾乎是LIVE，頗受好評。從此以後每年都可以有二到三個版面可以報導廟會祭典，剛好有機會把工作和興趣結合在一起。一路上不管是工作也好、自發也好，我開始有系統地記錄台灣的祭典，其中又以媽祖遶境進香和王爺迎王平安祭典為主。以台灣信仰來說，媽祖信仰的廟宇大概五百多間，王爺信仰大概七百多間，祭典也比較多（見第九十頁「長知識」）。

攝影經驗談

瘋狂又冷靜的直覺（第二十八頁）

縱使受過較多的攝影訓練，在這種現場我還是會不由自主地處在一種亢奮、迷離又弔詭的狀態。一旦被氛圍感染，就會開始熱血沸騰。在這種狀態下，選擇拍照的方式不是刻意選擇，而是內化。也就是剎那間，我突然覺得想選擇使用慢速快門，讓鏡頭旋轉，讓畫面旁邊呈現一種速度感的模糊，使主題集中聚焦。這種手法，會因影像的殘影延遲造成很特別的氛圍。

那次的經驗很特別（見第二十八頁）。我拍照時很少被血噴到，這是第一次，也是唯一一次。那次的經驗讓我滿震撼的——原來血是熱的，而且是腥的！當下並沒有感覺到不舒服，只想著趕快拍完，畢竟血噴在臉上會黏黏的。後來看到這張照片，那時的感覺就被喚醒。在現場既瘋狂又冷靜，瘋狂是來自原始的DNA，有神職在身。身為攝影記者必須保持冷靜，要去判斷怎麼處理影像。我又是雙子座，兩件事情互相交疊、替換，彼此潮起潮落，什麼時候變成什麼狀態，我沒有特別預期，而是讓它自然發生。

攝影經驗談

長鏡頭壓縮，烈焰似油畫（第三十頁）

通常在這樣的現場拍，會有不同拍法。火燃燒時會產生氤氳之氣，如果透過長鏡頭壓縮，看起來就會很像油畫。我拍廟會祭典，遇到送王時，常用這種手法，就是用長鏡頭去壓縮。

台南下營北極殿玄天上帝出巡遶境，乩童起乩

媽祖信仰普及之前，玄天上帝是很多先民唐山公過黑水溝到台灣隨團過來帶的。當時沒有 GPS 衛星導航，很多人拜玄天上帝，就是北極星君，台南下營這區域就是玄天上帝的信仰中心。

畫面上的血是乩童用手捶打自己的臉而造成的，剛開始我蹲在地上，便看到他不停地用雙拳啪啪啪地擊打自己的臉，直到流血，接著就開始操「五寶鯊魚劍」。旁邊會有一位護法隨行，拿著酒精噴灑幫忙消毒。照他們的邏輯來說，乩童是神的代言人，這時候是神附體，所以不怕疼痛。如果一般的傷口，可能很久才會痊癒，但是他們很快就能痊癒。不過沒有比較組和控制組交叉比對，這說法就是信者恆信。至於乩童只要身上一披戰袍，就準備見血的原因，我查的結果是，這叫「見血明性」。他們認為要這樣才代表通神，一般是武乩才會操五寶，在神明降乩時砍劈自身，流出鮮血藉以驅邪、逐穢並顯揚神威。

攝於二〇〇七年

小辭典 五寶法器

鯊魚劍為五寶法器之一，另外四項法器為七星劍、銅棍（狼牙棒）、月斧和刺球。

台南善德堂・送王

送王的時間各地不一，曾文溪系大都在白天或傍晚送王，東港溪系大多是凌晨。這張是曾文溪系，旁邊有所謂的紙紮護法神，做得唯妙唯肖，每一個造型都不太一樣。
攝於二〇〇七年

三個身分

我有三個身分，在東港有王爺公子民的神職，目前在迎王時是大千歲神轎的隨香。原本父親要傳給我這位長子的魯笠，但因為從事傳播工作，如果做轎班，攝影記錄就無法兼顧。我弟弟願意頂這個缺，擲筊經王爺同意後，便傳給弟弟。這項習俗是「傳丁」，抬轎的人都是男生，因為弟弟只有女兒，等他退休之後，到時再看我家哪個兒子有緣份去接，就這樣一直傳承下去。

第二個身分是攝影記者。因緣際會去拍了大甲媽祖，從一九九〇年拍到二〇〇〇年。二〇〇五年又因為緣份，幫金枝演社在滬尾砲台演出的環境劇場「祭特洛伊」拍了一整套照片，也辦了兩次展覽。導演王榮裕告訴我，如果想要體驗台灣媽祖進香最原汁原味的精神，就要來走白沙屯。於是從

這是我第一次走，有攝影社指導老師帶領，因為路程固定容易取得「路關圖」，可以有計畫地到下一個點等，我們先埋伏在進西螺前的河堤道才拍到這個畫面。大甲媽祖遶境排場是固定的，報馬仔先行，後面是女眾繡旗隊，另外男眾是開路、護駕的三十六執士隊。

攝於一九九〇年

小辭典 路關圖

廟會遶境時，神轎及藝陣經過的路線圖。

二〇〇六年開始記錄白沙屯媽祖進香，拍了好幾年後，因著另一個因緣，我成了拱天宮文化組攝影志工至今。

三個身分的交錯，讓我至今仍延續在拍攝記錄。

最早的淵源來自大學時期，系上要交畢業論文，當時提的題目是「從王船祭看台灣的瘟神信仰」，因為想做質性論文，操作起來相當龐大。指導教授顧美俐，剛從美國念社會學博士回來，看到整個結構，她認為這是博士研究論文規模，建議我改題目，剛好當時參加攝影社，開啟了第一次大甲媽祖進香遶境的旅行。後來我交了一整篇以影像為主的「大甲紀行」報告，不能算正式論文，只能算是影像記錄，她竟給我全班最高分。還送給我一本書：《Studying Visual Communication》（一九八一年），是屬於影像社會學的領域，她告訴我，在美國有一個社會學派，就是用影像來做彼此關係的探討，或某些判斷，她建議我可以朝這個方向

大甲鎮瀾宮天上上母遶境進香，行至西螺大橋附近的鄉間小路

發展。回頭去想，我會朝這方面題材不斷拍攝而樂此不疲，除了職業是攝影記者外，可能就是在完成我大學未完成的「博士論文」，這可能要拍上一輩子。

攝影經驗談

第一次走媽祖遶境的震撼

一九九〇年，我是輔大攝影社的副社長，指導老師李坤山告訴我們，除了單張的 snap（快照）之外，必須有專題攝影的概念，當時聽不懂，只知道單張決勝負，沒有圖組概念。他建議我們去走大甲媽祖。第一次參加進香最大的震撼就是：太開心了！南部有奉茶習慣，路人渴了就可以去喝，這裡不只是奉茶，所有你能想像到的、想像不到的食物、飲料……，沿途家家戶戶都放在門口，包子、肉粽、西瓜、草仔粿、飯

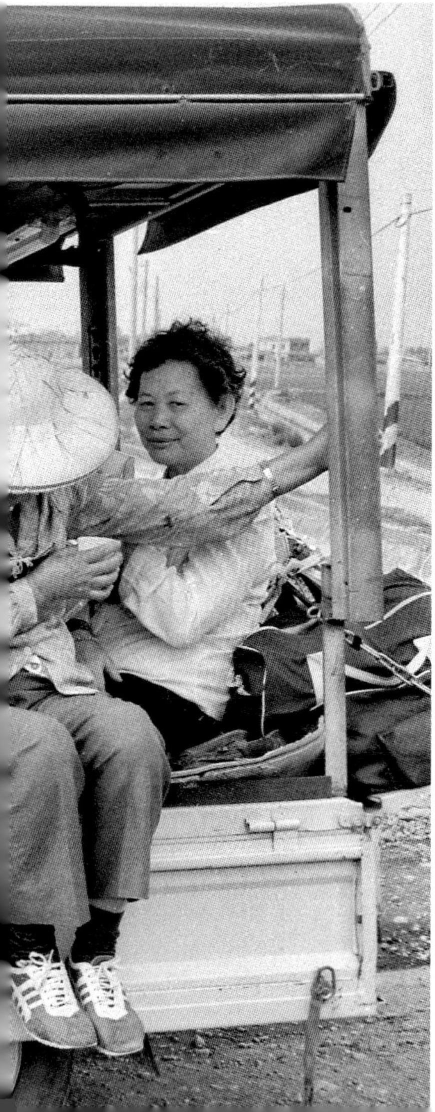

車子上面都是來進香的人們，身上穿戴標配：斗笠、臂章、進香旗。大甲媽祖的進香旗是隨身旗，經過宮廟的符令綁上面。白沙屯媽祖完全不一樣（分車旗及進香旗，進香旗需擲筊得令才可持有）。進香旗每年沿用，來一次綁一次，參與很多年就綁很多，有人甚至來了二、三十次，上面符令越舊是越資深的香客。這司機也是義工，都是自發性的。看到這些阿嬤讓我深思，什麼樣的力量讓他們為了參加八天七夜遶境，放棄日常的工作？和他們聊天，體會到社會學講的烏托邦，一個充滿和諧快樂、沒有鬥爭的世界，無私地供應奉獻食物給參與者，吃、住都不用花任何錢。第一次參與時，我對於民間信仰力量的強大感到很驚訝。歷史上的徒步遷徙，通常是被迫於無奈或逃難，宗教遶境的徒步遷徙則是心甘情願，甘之如飴。

攝於一九九〇年

糬、泡麵……，應有盡有。以前在東港接觸最早的迎王，是自家拜一拜，在家裡吃，沒有在外露宿，沒有移動需求。媽祖遶境則不一樣，有時住香客大樓或路邊，也睡過卡車後斗篷，累到最高點，哪裡都能睡。上去就睡，連路邊的亭仔腳（騎樓）也有人就地舖了蓆子睡。

大甲媽祖遶境進香和後來走的白沙屯媽祖進香最大差別就是，前者所經過的駐駕地、交陪宮廟都是事先排定的，按表操課，後者則每天停、駐駕地點完全不固定。

大甲媽農曆正月十五擲筊決定遶境日期，一九九〇年剛開始走的時候，擲筊決定的起駕日不一定像現在都是禮拜日子時，也可能是平日。一路走到新港奉天宮，八天七夜（二〇一〇年延長為九天八夜），來回大約三百四十公里比較固定。第一天晚上就住在鎮瀾宮，天亮廟方就派一台車載送我們的行李或短程接人，車輛都是徵用於民間的志工。

大甲鎮瀾宮天上聖母遶境進香，自發性還願的小貨車義工，載著走累的隨行香客

屏東南州代天府請水，南州朝天府九天玄女

這是二〇〇六年屏東南州王船祭的請水，屬東港溪系。請水就是迎王來，她的角色一方面是護法，一方面是逗熱鬧。她不是屬於南州代天府，是朝天府九天玄女。

東港東隆宮先迎王，再來是小琉球三隆宮、南州代天府。那時候我已經是攝影記者，祭典三年一科，現場看到很多「陣頭」，男男女女都有。我曾經帶女性主義學者張小虹老師去看，她很驚訝，因為在刻板化印象中，祭典的神職大都是把女性排除在外，這裡的祭典卻能看到大量的女性神職人員。

攝於二〇〇六年，陳伯義攝影／提供

長知識　藝陣與陣頭

藝陣要拆開，藝是藝閣，有電動的、人扮的，陣頭就有很多各式各樣，扮演的可能是九天玄女或是王母娘娘……，這都是屬於陣頭裡的。女生會做中性打扮的很少，早年由女生來扮演的相對少見，近年則比較多了。

2｜1

1. 大甲鎮瀾宮天上聖母鑾轎

八人大轎啟動時，地方重要人士接駕擔任護轎者。這張是在遶境路上，中間這個人通常是在地重量級人士，是最尊榮的位置。過去起駕時，馬英九、蔡英文都曾參與過「起駕扶轎」。

攝於一九九〇年

2. 大甲鎮瀾宮天上聖母遶境進香，走累了在路旁休息的轎班

一九九〇年大甲媽遶境進香路上，在花壇停下來休息，沿途遇到的轎班或神童團。剛開始拍時，阿嬤還沒出現，只有前面坐的人和海報。男女對比，真人假人對比，就是我們拍照時講的真假虛實。第一次拍完，阿嬤突然出現，畫面形成三角點，就產生了趣味性的畫面。畫面中三者互不相干，只是剛好路過，互相瞄了一眼，他累成這樣，根本不知道對方是誰，形成有趣的畫面。即使三者沒有任何關連，視覺上卻形成有趣的牽引。

攝於一九九〇年

花壇
來來
歌
彰化縣花壇鄉
電話:(047
好消息！大摸彩！
每週日10萬元獎品—
電視機、電冰箱、自行車、電唱機等數十組獎品。每週日當場開獎
演出時間
1:20
3:20
7:00
9:20
加場
10:30
特別秀
日起7天
歌劇
(047)860
紅星
美艷

乙未正科東港迎王平安祭典・請水
攝於二〇一五年

四、曾文溪流域的王爺信仰、其他地區的王爺信仰

王爺信仰之二

東港迎王平安祭、大王海上來——請水、全鎮參與、遶境、遊天河、燒王船、

王爺靈光乍現——尋找台灣其他王船、東港溪系

大家熟悉的「燒王船」，是迎王祭典最後的「送王」，約凌晨四點左右開始。王船船身裡面有埋鞭炮，甚至有煙火，以廟方說法，吉時到王船會自燃。船身裡面都是可燃物，點火就開始燃燒。裡面是實木做的，燃燒至少三到四小時才會結束。傳統上，火就是消滅病毒最好的方式，遊天河是從遊地河轉變而來，基於科學與經驗，而發展出這樣的科儀。

攝於二〇〇六年

東港東隆宮丙戌正科迎王，送王遊天河

東港迎王平安祭

東港人認為鎮民們都是王爺公的子民，東港是王船的故鄉。東隆宮建廟已經超過三百年，主祀的神是溫府千歲溫鴻。這位王爺在唐朝時受封，康熙四十五年（西元一七〇六年），東港海岸邊發現神木漂來，神靈顯示溫王欲在臺灣定居，東港居民相信王爺是為地方造福，興隆有望，將神木興建溫王爺廟，名為「東隆宮」。廟會儀式比照科舉制，三年一科，東港依地域劃分為七角頭。

東港迎王平安祭有八天七夜，分為四個部分。第一天「請水」，所有的陣頭大概有二百多陣，全部聚集到海邊，去迎接大王前來，由「頭籤」扶鸞後步上請水台，於案桌上直書「奉　玉旨代天巡狩封」，報出當科大千歲「銜頭」、來的大千歲是什麼姓。總共有三十六姓輪替，每次來的不見得是同一位。

再來是第二天到第五天的「遶境」，會在東港主要的街道，分北、中、南、農四區。（遶境路線圖詳見東隆宮公告）

然後是「遷船」。七角頭中的王船組，他們會扛著王船所有配件——錨、帆、桅，不像遶境走的範圍這麼大，只走東港傳統的主要幾條街道，結束再到東隆宮停駐，直到晚上十一點左右才往海邊移動。

到海邊就開始添載，要讓王爺帶走的日常用品、錢財金庫等，通通放到船上。船頭對準的方向是由乩童來決定，等時間到，大約是凌晨四點左右，開始「遊天河」。王船有兩種，一種是遊地河，隨水而飄，另一種是遊天河，就地燒化。因為它是瘟王信仰的演變，用燒化來結尾，既有信仰的意義，又有科學的內涵。一種信仰的轉移，從畏懼轉化成代天巡狩。

東港位於東港溪，王船造價目前是最高的，三年一科，鎮民都會回來參與，人人都有神職在身，是一個全鎮參與的盛會。請水儀式時，不只在地人，外地陣頭也會前來共襄盛舉。一般大眾常關注最後的燒王船，其實最熱鬧、所有陣頭都會參與的是請水。

送王是把瘟神送走。小時候，地方耆老會告誡，小孩不能去現場看。當王爺一起駕，火一著起來，所有人息鼓掩面轉身，悄然離去，不能回頭。有此說法，回頭會被王爺一起帶走。以前對我們來講，這是地方上非常畏誡、慎重的祭典。這幾年慢慢走向觀光化，也有很多人把它當做火焰秀或是嘉年華。這倒也沒有多麼地不好，只是要尊重在地人的傳統。對我們而言，這是把王爺迎來，代天巡狩之後，將王爺送走的儀式，是很肅穆的，不適合在現場喧嘩吵鬧。這是我身為在地人，參與了這麼多科的感觸。

小辭典 七角頭

東港的「角頭」是地域劃分，分為：頂中街、下頭角、安海街、埔仔角、頂頭角、下中街、崙仔頂角等七角頭。

長知識 費時費工建造的東港王船

東隆宮王船為泉州式仿古官船，採用傳統木造漁船技術，船體選用越南檜木、緬甸烏心石以及柳安等建材，歷經三個月的船體建造與三個月彩由彩繪師手繪，總長約四十五呎六吋（十三．八七公尺），船艄、船艉高度約十三呎及十四呎（三．九六及四．二七公尺），造價約一千萬元。

王船不是祭典前幾天才造，前一次送王結束後一年就開始建造。中軍府是千歲爺代天巡狩的前鋒，王船廠只要確定地點方位，中軍府就要進駐安座、監督，負責監造王船。

東港東隆宮丙戌正科迎王・請水，「齊」大千歲駕臨

來的總共會有三十六姓王爺，事前知道的只有東隆宮主其事的大總理等少數人。請王時，會在海邊搭起一座請王台，由大千歲轎班「頭籤」（乩童）扶鸞後步上請水台，案桌上已由典務人員鋪上一層檀香，「頭籤」用頭筆（轎槓）於案桌上直書「奉　玉旨代天巡狩某」，報出當科大千歲「銜頭」。

鳴砲表示大千歲已經登陸。著正黃服飾的，就是抬大千歲的角頭轎班，在事先備好的帥旗上，用朱砂把這次駕臨王爺的姓寫上去，這次來的是齊大王。

攝於二〇〇六年

長知識 七角頭轎班服飾顏色

共七種顏色，溫府千歲是深藍色，大千歲及二、三、四、五千歲分別是黃、粉紅、黑、綠、紫藍色，「中軍府（千歲爺的先遣執事）」是白色。

豐隆堂十三金甲戰帥，臉上圖騰有動物、花鳥、昆蟲各自代表不同意義。這些臉譜和平常看到的八家將不太一樣。這支陣頭只有東港特有，五毒、十三太保等也是東港特有的。出陣一次就要好多天，要有兩團，人數夠才忙得過來，曾經也發生過人數不足而無法出陣的情況。二〇〇六年十三金甲戰帥剛好有出陣，出陣條件要看天時、地利、人和。
攝於二〇〇六年

東港東隆宮丙戌正科迎王，豐隆堂十三金甲戰帥

東港迎王平安祭典

二零二一年 辛丑正科

東隆宮公告
https://ppt.cc/fgUtlx

時程表

- 第一天 10月24日（日）
  九月十九　**請王・請水**
  （過火）
- 第二天 10月25日（一）
  九月二十　**遶境南區**
- 第三天 10月26日（二）
  九月廿一　**遶境北區**
- 第四天 10月27日（三）
  九月廿二　**遶境中區**
- 第五天 10月28日（四）
  九月廿三　**遶境農區**
- 第六天 10月29日（五）
  九月廿四　**拜王**
  （王船法會）
- 第七天 10月30日（六）
  九月廿五　**遷船遶境**
  （和瘟押煞）
- 第八天 10月31日（日）
  九月廿六　**送王・燒王船**
  （凌晨二時）

遶境之後，王船在第七天下午，由王船組和七角頭，拉著王船船身，扛著王船配組件遶行東港。這是送王之前最重要的遷船遶境，讓不能到現場參加的東港居民，也能感受到王船的威嚴，震攝於祂的神力。

攝於二〇〇六年

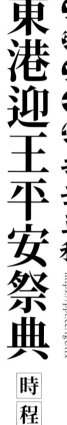

東港東隆宮丙戌正科代天巡狩王駕、遷船遶境

大王海上來——請水

迎王第一件最重要的事就是請水，迎接大王海上來。但為什麼大王自海上來？關於王爺的傳說，可說是眾說紛紜。

王爺傳說

東港東隆宮主神王爺溫鴻，生於隋煬帝大業五年（西元六〇九年），山東濟南府人，唐朝皇帝李世民微服出遊遇險，溫鴻救駕有功，賜進士出身，其時救駕者三十六人一併賜封進士，與之義結金蘭。皇帝酬功任他山西知府，清廉愛民，民稱父母；時值鄰近賊寇作亂，官兵出剿無功，皇帝派溫鴻討伐，三十六進士一同進剿。溫鴻用兵如神，直搗賊穴，主帥下令招撫，數萬叛軍來歸，自此國泰民安。溫鴻班師回朝，策封王爺。

太平盛世，三十六進士奉旨巡行天下，宣揚大唐德威。乘船出巡不幸遇險，全部罹難無一倖免，據生還水手與侍從目睹，三十六進士喪生之時，有聞仙樂飄奏，海上一片祥雲紫氣，世人咸認溫鴻之死乃解脫而成神，貞觀皇帝得聞，痛失功臣，復信其成神之說，追封「代天巡狩」，頒旨全國建廟奉祠，敕封永享人間香火，並下旨建巨舶，名為「溫王船」，內奉溫王爺及其結義兄弟神位，清醮畢送入海中。王船上御書「遊府吃府，遊縣吃縣」，敕告天下，凡溫王船所到之處，百姓府官一體奉迎，均應殺豬宰羊設祭，大事供祀。

溫王成神後，常在閩浙沿海顯靈，船隻海上遇險時，若見檣懸「溫」字旗巨船，即風平浪靜，履險如夷。福建泉、漳二州，對

乙未正科東港迎王平安祭典．請水
攝於二〇一五年

溫王爺海上顯靈護航，皆耳熟能詳，人人稱頌。（以上節錄自東港東隆宮官網）

這就是最早遊地河的概念。漂流到哪，需求品要補給，船要修繕。地方接駕後，重新造一艘王船，補給品添載後，再把它順水推出去。

另一個是五路瘟神傳說，古代瘟疫奪走很多人命，五個書生進京趕考，偷聽到瘟神將在全城五口井下瘟疫，全城將難逃劫數。商量後他們就各投一口井，井中有浮屍，人們自然不敢飲用，因此拯救了所有的人。城裡的人感念他們犧牲救城義行，死後也被晉升為瘟神。

人們通常對瘟神又愛又恨，因為瘟神惹不起。但來者是客，就是請水熱烈歡迎，陣頭在海邊一字排開，迎接大王海上來，乘著無形的船而來，接駕後再造一艘有形的船，送王時燒化。

攝影經驗談

海中拍攝，器材先防護

請水過程現場陣頭非常多，而且常同時衝進海裡，拍攝有一定難度。加上海水漲潮，要貼近拍到較生動的畫面，必須站在更深的水域才捕捉得到畫面。通常標配就是短褲、穿拖鞋或涼鞋，才容易在海邊移動。建議所有器材先做保護防水措施，最簡便的就是包保鮮膜，帶比較輕便的，而且一定要高舉過頭。

請水在中午一點左右，海邊搭好請王台，請水不只七角頭轎班會衝下水去而已，其他包括乩童、鑾轎都可能無預警突然衝進海水。海岸線聚集綿延超過二公里的陣頭。此起彼落衝進海裡，同時進行的可能有五組或六組。

攝於二〇一五年

乙未正科東港迎王平安祭典・請水

癸未正科東港迎王平安祭典：請水、大千歲登轎

長知識 東港七角頭各司其職

來的不只大千歲，還有二、三、四、五共五個千歲，令旗寫的是大千歲的姓。七角頭分別負責扛五個千歲的神轎，一個角頭扛溫府千歲，另外一個是中軍府。

聽到鳴砲聲，表示大千歲已上岸。以令牌代表，把祂請到已在現場等候的大千歲神轎。第一站會到鎮海宮，一路遶行，晚上進到東隆宮作客。溫王爺已移到偏殿，正殿改為代天府，讓給代天巡狩大千歲駐駕。
攝於二〇〇三年

全鎮參與

從我小時候有記憶以來，一旦講到三年一次的迎王，就是東港全鎮比過年還重要的事，所有漁船回港停泊八天，東港人大大小小都有神職在身。

我們家是七角頭的下中街，一旦落籍，即使搬家，名籍依然歸於此。父親是下中街轎班，我從小就是拿著馬鞭，穿著馬伕的衣服，跟在王馬後面。王馬扛的是帥印、王令，在中軍府前面，中軍府壓後。看到王馬，就知道大千歲快到了。七角頭轎班有一變兩不變，根據當年擲筊的輪值分工，衣服顏色會變。像大千歲轎班是黃色衣服，中軍府則是白色衣服。頭上戴的魯笠、腰上的腰帶顏色，是不會變的。

東港人從出生開始接觸迎王平安祭的工作，就是一輩子的事。我爸爸在上一科就退休了，照理說應該傳給我（我是長子兼長孫），但我因為工作關係無法接手，於是先跟王爺擲筊，和弟弟講好，由

1 | 2

1. 2. 請水上來之後，會先經過鎮海宮，一路遶行，晚上到東隆宮駐駕。廟方先在廣場用五堆相思木起火燒成炭，鋪平作為晚上進行過火儀式。過火是由道長設壇進行科儀，再由溫府千歲開火路，依序由大千歲、二千歲、三千歲、四千歲、五千歲、中軍府，過火三次完成此儀式。

一般過火都是專業神職人員，他們受過訓練。這裡過火參與的卻是一般民眾，踩著炭過火。我弟弟是轎班，根據他的經驗，覺得只是溫溫的，也不會燙，因此沒有受傷。燒成炭之後會撒鹽降溫，信眾認為只要是跟著王爺走，不論涉水或過火，一切都會受到王爺保護。

攝於二〇〇六年

丙戌正科東港迎王平安祭典．代天府廣場過火前準備

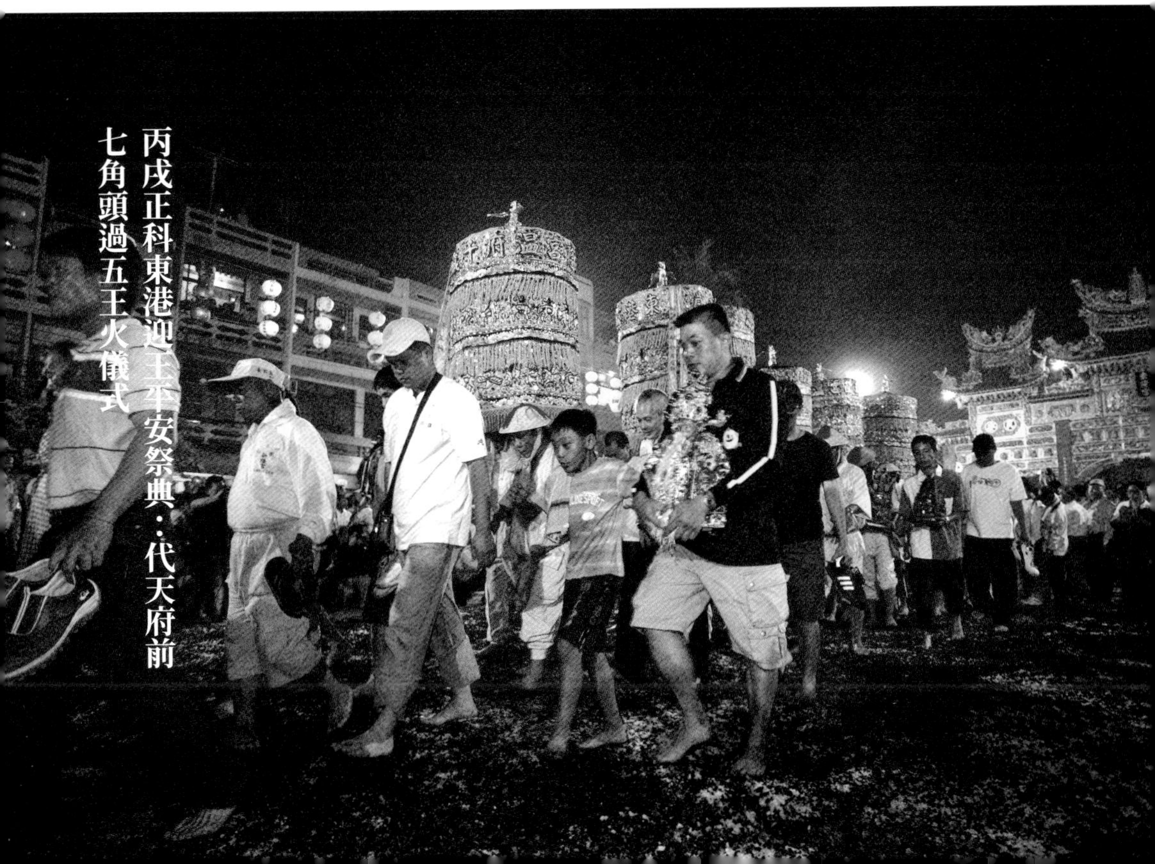

丙戌正科東港迎王平安祭典．代天府前七角頭過五王火儀式

他傳承魯笠。之後一路傳承不會因此中斷。

王船祭典長達八天，若是平常學生八天不到校，老師第二天可能就會殺到家裡。王船祭的時候，不只有些同學會去扮演五毒，老師也可能有神職。又或是今天剛好遶境到我家，拜拜很忙需要在家幫忙，老師也不會處罰學生。這倒也不是全校唱空城，而是互相COVER。全民以迎王為第一考量，與迎王抵觸者自動無效，這是我小時候的印象。

長知識　東港限定陣頭

五毒大神、十三太保、十三金甲戰神。其中「欽點五毒大神」，乃是由孩童裝扮。傳說是邢府三千歲借調五位瘟神，作孩童狀，才有五毒大神的陣頭。

1/2

1. 中軍府轎班服飾為白色，繫黃腰帶，頭戴清代的「魯笠」

二〇一五年下中街輪值扛中軍府，我的弟弟頭戴魯笠，身穿中軍府白色衣服。中軍府是千歲爺先遣部隊，主帥未到，派先鋒部隊到。中軍府在迎王期間是警備維安，請水前還有一個重要職責就是督軍造船。王船寮蓋好後開始要蓋王船，中軍府就會進駐，讓王船順利建造，以確保請水接駕時可以順利迎王。

攝於二〇一五年

2 遶境集結之前的宋江陣，準備出發。他們平常的工作可能是販夫走卒，各行各業。開了臉準備出發，腳上還穿著拖鞋。這張照片是人還沒轉化為神職前，還屬於人的部分的有趣畫面。

攝於二〇一五年

騎歐多拜準備集結的宋江陣成員

神氣！爲千歲爺服務是鎮民的義務，也是榮耀

遶境步行的時間很長，走的區域也滿廣的，需要人來指揮交通、維持秩序。代天府的領隊拿著旗子帶領隊伍，非常神氣。對他而言，為千歲爺服務是莫大的光榮。
攝於二〇一五年

2 | 1

1. 迎王期間，所有船隻回航碇港，恭迎代天巡狩王駕

所有東港船隻返港定泊八天，全都不出海打魚。船上旗子寫著「恭迎代天巡狩王駕」，王爺從最早的瘟神，轉化為玉皇大帝派來和瘟禳災，進行淨化的工作。已經從負面帶來瘟疫，轉變為解決瘟疫的身分。從歷史角度探討，神的定位轉換，滿有趣的。

攝於二〇一五年

2. 迎王平安祭典，主神溫府千歲讓到偏殿，接待貴賓，把正殿讓給前來的代天巡狩千歲爺。

攝於二〇一五年

東港東隆宮迎王平安祭典前開始起造王府，
將正殿設置成代天府，是代天巡狩千歲爺臨時駐紮之所

東港共和堂主祀邢府三千歲，欽點五毒大神參與遶境

這尊千歲和我們家比較有淵源。東港人除了共同信仰的東隆宮溫府千歲，我們家也拜這位共和堂邢府千歲，祂曾救過我奶奶。

王船祭典時，不只全鎮的人參與，全鎮的神也都參與，東港三大公廟對東港人意義非凡。爺爺在世時，每年大年初一早上四點就把我們全叫起來，徒步去拜三大公廟（東隆宮、朝隆宮、安海街福安宮）。從天未亮還黑著，走到天亮。對東港人來講，神明無所不在。

攝於二〇一五年

遶境

請水之後的四天，進行東港全鎮的遶境。把東港分為北、中、南、農四區，神轎與陣頭一起遶境。有些陣頭只參與請水，遶境則不一定會參與，要看交陪、經費等因素。（遶境路線圖詳見東隆宮公告）

攝影經驗談

選廟宇定點拍攝

我建議盡量找一個定點來拍攝。畢竟遶境路線非常長，如果路不熟或沒有代步工具，只靠徒步，就算沒帶器材，一小時也只能走五公里左右。最好挑一個適當的廟宇，以靜制動。隊伍在流動，要看完全部陣頭勢必非常累，找一個廟埕，定下來看是較好的選擇。通常行進間比較不會表演，除非在祭典重要職務人士的家，像大總理家門口才會表演。隊伍會拜廟，在定點等可以看到文陣、武陣進行的表演。

1
2

1. 二千歲的轎班穿的是粉紅色，魯笠和腰帶則是固定顏色。前面這位是廟裡的「鸞生」，算是文職，二千歲來的時候出來接駕，並踩乩步相迎。
攝於二〇一五年

2. 東港溪系的王馬配備大致是如此，王馬在遶境期間負責背負帥印、玉旨、令旗、令箭，由中軍府轎班負責保護。曾文溪系則上面有旗牌官，名稱不同，在東港溪系的南州也看過騎在馬背，不同地方還是有細節上的差異。
攝於二〇一五年

小辭典 鸞生
道教廟宇神職人員，負責傳達神明旨意，神明附身時稱「扶乩」。

出巡遶境
東港忠烈宮鸞生迎接千歲聖駕

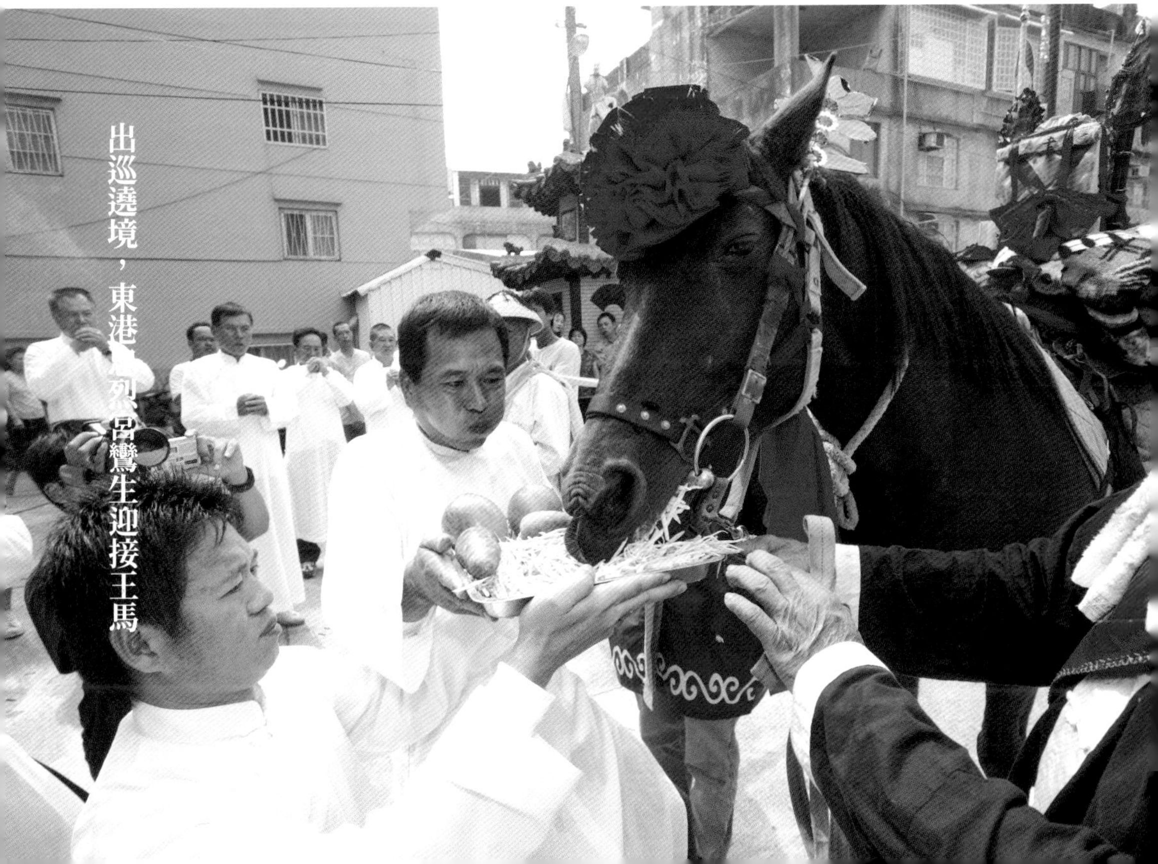

出巡遶境，東港忠烈宮鸞生迎接王馬

長知識 廟宇宮格怎麼看

判別廟宇宮格不在廟的大小，而在廟埕的斗。廟埕會有一根竿，上面有斗，斗越多廟格越高。迎王上岸後第一站叫鎮海宮，半圓形，四周都可以站人，腹地小，比較難拍。我喜歡在離海濱國小後門不到二十公尺的忠烈宮，祭祀鄭成功延平郡王，也是屬於王爺等級，有三個斗。

攝影經驗談

長形忠烈宮，適合長鏡頭拍攝

忠烈宮是我個人非常喜歡拍照的一個定點，離鎮海宮不遠，最大不同，忠烈宮的廟是一個長條形設計，陣頭在演藝的時候，你可以在廟門用長鏡頭去拍攝。畫面比較乾淨，又有壓縮感，相對比較安全。

1 | 2

1. 迎王期間東港鎮上「放榜」
這裡的「放榜」是指張貼榜文，本科封府大千歲駕臨後隨即「放榜安民」。「放榜」內容並非考試錄取名單，而是將此次巡狩的意義、動機、目的公告周知，總共有五張，以代天府為中心點，分別位於東、南、西、北四個重要路口及代天府前，會以黃紙、黑字書寫，貼在紅色公布欄立牌。
攝於二〇〇六年

2 三大公廟的朝隆宮，供奉天上聖媽，別號蝦米媽，因為東港產櫻花蝦。扶鑾駕儀隊清一色由女性擔任，持法器在前面護駕開路。
攝於二〇一五年

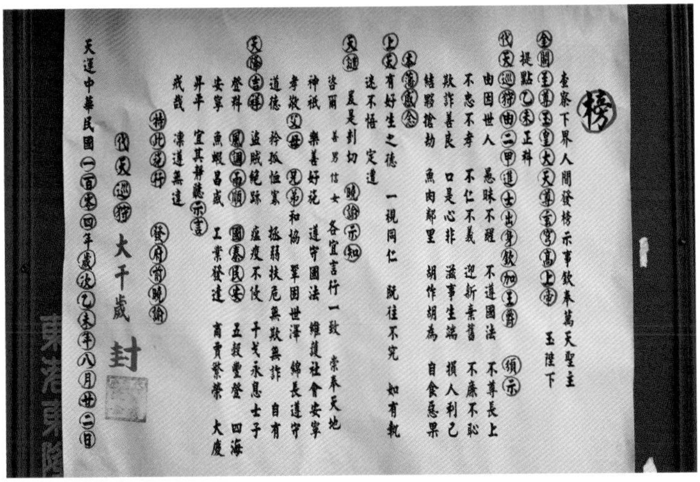

榜
臺察下界人間發榜示事欽奉萬天聖主
金闕至尊玉皇大天尊玄穹高上帝 玉陛下
提點乙未正科
代天巡狩由二甲進士出身欽加王爵 須示
由因世人 愚昧不醒 不遵國法 不尊長上
不忠不孝 不仁不義 迎新棄舊 不廉不恥
欺詐善良 口是心非 滋事生端 損人利己
結夥搶劫 魚肉鄰里 胡作胡為 自食惡果
本府感念
上天有好生之德 一視同仁 既往不究 如有執
迷不悟 定遣
天譴
爰是剴切 曉諭示知
咨爾 善男信女 各宜言行一致 崇奉天地
神祇 樂善好施 遵守國法 維護社會安寧
孝敬父母 兄弟和協 罩囿世澤 錦長遵守
道德 矜孤恤寡 拯弱扶危 無欺無詐 自有
天降吉祥
登科 風調雨順 國泰民安 五穀豐登 四海
盜賊絕跡 瘟疫不侵 干戈永息 士子
安寧 魚蝦昌盛 工業發達 商賈繁榮 大慶
昇平 宜其靜聽示言
戒哉 凜遵無違
特此飭行 發府前曉諭
代天巡狩 大千歲 封
天運中華民國一百零四年歲次乙未年八月廿二日

東港朝隆宮天上聖母駕前扶鑾駕儀隊

東港東隆宮丙戌正科迎王，豐隆堂十三金甲戰帥

遶境時必看的陣頭，豐隆堂十三金甲戰帥。通常畫的是蟲魚鳥獸等，這種繪法是不對稱的臉譜，和常見對稱式的家將、官將首臉譜有很大差異。
攝於二〇〇六年

屏東東港乙未正科東隆宮迎王請水，共和堂欽點五毒大神

由邢府千歲欽點的五毒大神，清一色由孩童裝扮。
攝於二〇一五年

遊天河‧燒王船

最早送王的方式有兩種，一種是遊天河，就地燒化；另一種是遊地河，再造一艘順水漂流。早年採用遊地河方式，現在不管曾文溪或東港溪，大都採遊天河方式。遊天河就是用火把王爺送走，祂要回天庭繳旨，就地火燒了之後，升天繳旨。若用科學方式來講，把病毒燒掉消滅，也是有道理。

東港迎王平安祭第七天遷船遶境之後回到東隆宮，晚上十一點後，往海邊移動。

鎮海宮是離境的最後一站，用現代語言來說，就是最後一關的海關，然後再到達送王船的沙灘。現場外圍會拉起警戒線，不是典務人員不能進入。裡面有很多儀式，包括添載。給王爺用的金紙叫天庫，讓王爺帶著返回上天繳旨。王爺帶很多的兵馬、船夫、隨從、六畜，任何生活需要用的東西，加以添載補給。在東港溪系，這些用品都是用木刻的，不同於曾文溪還有活體獻祭（見第一一二頁），對動保人士而言一定覺得不可思議。古代對這類習俗的解釋是犧牲小我，見血明性來成就大我。

添載完畢，時間到，根據老一輩說法，王爺起駕等於完成任務，送祢送到這裡，神人殊途。畢竟王爺是從瘟神轉換而來，居民則轉身掩聲息鼓，悄然離去。從小就被告誡，送王時不能回頭。我們不會把它當作熱鬧或有趣的事來處理，而是戒慎惶恐。對東港的鎮民來說是比較嚴肅的儀式，遵循古禮還是非常重要的。

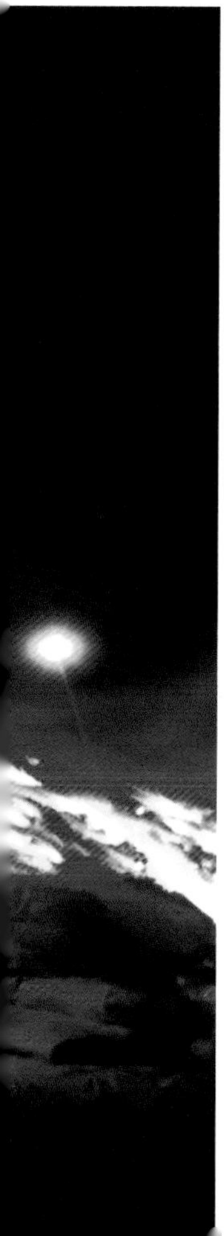

送王遊天河時燃燒的烈焰，是迎王平安祭的高潮。

攝於二〇〇三年

受外來遊客影響，近來日趨觀光化，但是對在地居民來說，卻不是這樣。外地人不能靠近，時間長達三、四小時，會覺得無聊，而到外圍攤販飲食。齊聚海邊的原意不在於吃吃喝喝，而是為了送王。曾看過外國人在一旁喝酒作樂，邊放煙火，大喊「fire show」，當成嘉年華，是在地居民所不樂見的。

攝影經驗談

燒王船，小心高溫燙傷

開始燒的時候，很多人會急著搶拍。王船燒的時間長達三至四小時，顏色變化，從暗到亮。開始燒的時候火很旺，溫度很高，若用廣角鏡不能靠太近，不然會被燙傷。此外，還要看風的方向，下風處都是煙，鐵定會灰頭土臉。不用急著拍，燒的時間很長，三百六十度都可以拍。船首靠海，漲潮時若從船首拍過去，要留意鞋子會弄濕。

3 | 1
  | 2

添載物都放到船上去，用天庫堆成基座後才開始引火。在船身裡面埋有沖天炮，點燃後會有煙花，現場溫度很高，真的要非常小心。燒王船從凌晨四點到六、七點燒完，至少三小時以上。王船形式屬泉州式仿古官船，特色是三帆三桅。燒完之後，主桅倒的方向所在角頭，據說未來三年運勢會很旺。曾文溪系則是有鯉魚公，掉下來撿到的人會行好運。

1. 攝於二〇〇六年
2. 攝於二〇一五年
3. 攝於二〇一五年

千歲爺完成代天巡狩使命，恭送千歲爺啓程遊天河回天庭繳旨

攝於二〇一五年

造價千萬的王船，通過造價八千萬的黃金牌樓，是遷船吉時攝影人必拍的經典畫面

2 | 1

1. 遷船時老少一起來拉縴，就是最好的傳承

祭典期間，全鎮參與，小孩穿著和大人一樣的正式服裝拉縴，祭典有關的身教言教對東港人來說，是天經地義的事。沒有傳承，必然斷層！老少一起來拉縴，就是最好的傳承。

攝於二〇一五年

2. 由王船組、七角頭轎班和祭典相關人員，各司其職，將王船及相關器具以陸上行舟方式，遶行東港鎮各重要街道，目的在去邪避瘟。

攝於二〇一五年

王船組、七角頭轎班一起遷船，遶行東港鎮各重要街道

2 | 1
3

1.2. 遷船經過，家家戶戶會準備紙人（替身仔）來替家人改運解厄

遷船的目的在於沿途收煞驅邪。強大的驅邪隊伍行經家門前，家家戶戶會準備紙人（替身仔）來替家人改運解厄。王船經過後，這些紙人會隨王船一起遊天河。

攝於二〇一五年

3. 遷船遶境完畢，王船回到東隆宮

王船回東隆宮，待宴王及和瘟押煞後準備遊天河。

攝於二〇〇三年

遷船往鎮海宮時，會經過跨越後寮溪的紅色豐漁橋

以尺寸、造價來講，東港王船都是全台之最。遷船往鎮海宮時，會跨越後寮溪的紅色豐漁橋。從河中漁船上遠拍，橋倒彎的造型和船身形成反向的對比，遠看似模型。
攝於二〇一五年

王爺靈光乍現——尋找台灣其他王船

二〇〇三年回到媒體工作之前，從事了五年的自由工作。有一天，似乎王爺冥冥之中有啟示，我突然閃過一個念頭：「東港以外，應該很多地方還有王船，我要不要把這些廟宇也做個踏查？」於是就突然決定環島一週，尋找其他王船。

查找資料後，才瞭解除了家鄉東港所在的東港溪流域之外，曾文溪流域也有，甚至最遠到淡水和基隆也有。有的三年，有的不是在正科年，每年一次，也有十二年一次、七十二年一次的。

柳營代天院遊王公，請水不是在河邊，而是在田邊（三角掘）。東港溪系東港、小琉球、南州都叫「迎王」，曾文溪系則叫「王船祭」，口語上就有區別，內容上也有大同小異，一樣有王馬，但職責不一樣。越是深究越發現其中有趣的地方。遊王公（代天院主祀）老的乩身過世，花了一個多月找不到接棒的人，就停辦。爬梳所有歷史，每間廟都浩浩蕩蕩可以單獨出一本書。北門三寮灣東隆宮主祀李府千歲，另有溫府二千歲，和東港頗有淵源，應該是從這邊請過去的。

曾文溪系至少有六間，正科前、正科後，蘇厝真護宮和蘇厝長興宮。拜的也不同，有五府，也有十二千歲。我也是看得眼花撩亂。相對於媽祖信仰，王爺比較是地域性的信仰，全台媽祖廟五百多所，王爺廟則高達

祭典期間限定，東隆宮溫府千歲及王令，共八支王令。中間三支黃色是大千歲令牌，最中間那支背後寫奉玉旨（玉皇大帝聖旨），代天巡狩。最左邊藍色是溫府千歲王令，其他王令代表二千歲、三千歲、四千歲，以及中軍府。

攝於二〇一五年

小辭典 正科年

大部分的送王舉辦都是三年一次，有些在正科年（又稱大科年），但有些會在前一年。二〇〇三年是大科年（二〇〇六、二〇〇九、二〇一二……），曾文溪系有些不是在正科年，而是在前一年（二〇〇二）。像是：佳里金唐殿、北門三寮灣東隆宮、柳營代天院……。東港溪系三個主脈就是東港東隆宮溫府千歲、小琉球三隆宮三府千歲、南州朱府千歲，都在大科年舉辦。本書出版的二〇二一年，正好也是大科年。曾文溪系五個，東港溪系三個，合計八個重大的祭典，一整年都是大型王船祭。瞭解後才知道，哇，好多地方都有王船。曾文溪系最大的西港慶安宮（慶安宮西港香有「台灣第一香」之稱，有其代表性）送王結束，到五月告一段落，接下來就是到年底的東港溪系，相隔半年。推測和農事有關，五、六月稻田熟成期，七月在準備了，這時農事非常忙，收割後已經到八、九月，這些祭典的時程都和農業社會作息有關。

東隆宮溫府千歲及王令

七百多所。跟媽祖的作風不太一樣，王爺信仰是在很多不同地方，跟地理環境互動轉換而來。印象最深刻的是，安定真護宮有一個特別小的王船叫「凱旋號」，它是可以開在陸地的王船，在我過去的認知裡，想都沒有想過，讓我開了眼界。它是農用車去改的，有輪子、有動力、有方向盤、有駕駛座。建好之後是可以開動的，而不是用來燒的。

於是我做了一張表，列出這些各地的王爺信仰，不管在王船形式、科儀，都是大同小異。差別就在王船側面的彩繪。彩繪雖然有些是固定的，像是八仙過海、飛馬獻瑞，其他則和當地物產結合，像是安定產玉米就畫玉米，關廟產鳳梨就畫鳳梨。

讓我動念想做王船比較學，或許是王爺提醒我，要把大學時代未完成的論文完成。從那時候開始，我花了近廿年，只要工作有空檔，就排程到處拍。雖然和專門做研究的民俗學家相比，我只懂皮毛。我想起過去大學時代的系主任顧美俐教授跟我說過的，用影像社會學角度思考，前提是先保存大量影像。拜數位科技所賜，影像在成本和存放上都簡便許多，有些拍到的東西，或許當時不瞭解，事隔廿年，為了做這本書，回頭重新梳理，才發現更多以前沒注意到的細節。我也期許自己在未來廿年、卅年，能繼續拍到不能拍為止，有承先啟後的轉折，才有機會一窺時間軸的脈絡。當年王爺的一個啟示，我一直奉行不悖至今地在記錄王船，甚至在二〇〇六年之後，因緣際會開始記錄白沙屯媽祖進香的影像。

長知識　由數據看台灣王爺信仰的普及

王爺廟宇數七百五十三，佔全台數量十三．五九％，天上聖母廟宇數五百一十，佔全台數量九．二一％。王爺廟宇分布集中在台灣南部，有二分之一集中在南高屏，四分之一在台南。

※資訊出處：中研院民族所二〇一八年出版的《王爺信仰的歷史民族誌》，「一九八一年台灣主祀神明廟宇數量統計」（第一四一頁），「圖六、台灣王爺廟之分佈」（第一四三頁）。

二〇〇二、二〇〇三年期間，決定開始尋訪台灣各地有王船祭的地方。這是當年發願踏查，查詢後將有王爺信仰的宮廟及時程列表。

攝於二〇〇二年

2005-2006

2002.2003 王船祭一覽表

	日期	地點・時間	祭祀主神	聯絡人	備註
No	2002.03.06〈壬午年農一月二十三日〉	台南縣佳里鎮金唐殿・佳里公園北側・下午		06-7223392	放棄.
1	2002.11〈壬午年農十月下旬〉 11/21 0200	台南縣柳營鄉東昇村代天府〈院〉・廟前・凌晨	遊王公	06-6220314	農八月才定日子 → 童乩過世.
2	2002.11〈壬午年農十一月一日〉 12/4(三)4:00 不出巡	台南縣北門鄉三寮灣東隆宮〈台南縣北門鄉三光村95號〉・三慈國小西南側・下午	李府千歲、溫二千歲	06-7850135 06-7862135	建於清康熙年間，原名慈安宮，37年改為本省開基第二東隆宮．王爺信仰文物館.
3	2003.04〈葵未年農三月上旬〉	台南縣安定鄉蘇厝村真護宮・廟前東側・上午	五府千歲 李府千歲 農4/26	06-5922335 FAX: 06-5920719	
4	2003.04〈葵未年農三月中旬〉	台南縣安定鄉蘇厝村長興宮〈台南縣安定鄉蘇厝村456號〉・曾文溪畔・上午	十二府千歲	06-5922450	
5	2003.05〈葵未年農四月中旬〉	台南縣西港鄉慶安宮〈台南縣西港鄉慶安路32號〉・村南・上午	天上聖母〈分香自鹿耳門天后宮〉十二府千歲	06-7951034	建於清康熙51年
6	2003.10〈葵未年農九月中旬〉	屏東縣東港鎮東隆宮〈屏東縣東港鎮東隆街21-1號〉・廟西海邊・凌晨	溫府千歲	08-8322374 08-8353078	建於清康熙45年
7	2003.10〈葵未年農九月下旬〉	屏東縣琉球鄉三隆宮〈屏東縣琉球鄉49號〉・白沙尾中澳・凌晨	朱、池、吳三府千歲	08-8612297	建於清乾隆初年
8	2003.11〈葵未年農十月中旬〉	屏東縣南州鄉溪州村代天府・林邊鄉(南州)埤仔頭・凌晨	朱府千歲	08-8642412 劉瑩祥(78歲)	

14/3 (一)
15/3 (二)
15/3 (三)
14/3 (四)

△ 2002.03.(二) 南下蒐集資料．第一回田野調查．宿屏東
(三) 針灸．東港．林邊 ．宿~~台南~~屏東.

(四)
15(五)
16(六)
} 5間廟 + 鹿耳門天后宮 2

17(日)

18(一)
△三義木雕師
△竹南蛇窯

在台南安定蘇厝第一代天府真護宮，我發現非常有趣的、可以「陸上行舟」的王船──「凱旋號」。它有四個輪子、方向盤、後照鏡，以農用車子改裝而成，人可以上去開到馬路的王船，不得不佩服先民的智慧。

這間廟的廟祝海伯，他是我遇到第一個沒有登刀梯而取得道士資格的人。他不識字，他說所有的科儀都是神明教他的。我望著他忠厚的眼神聽他這麼說，覺得很不可思議。這讓我思考到，王爺信仰代天巡狩這麼好的宗教活動，為什麼侷限在封閉的地區性？有沒有機會讓曾文溪、東港溪這兩個不同流域的王爺廟進行會香的活動？我把想法傳遞給東港東隆宮，當下沒有如願，過了三年後再去，海伯跟我說，他們真的開著這台「凱旋號」到東港東隆宮會香。有些想法雖然當下沒有辦法成願，等待時機成熟，自然就成了。王爺交付的任務解鎖，成之不必在我。

攝於二〇〇六年

蘇厝第一代天府眞護宮，可以「陸上行舟」的王船——「凱旋號」

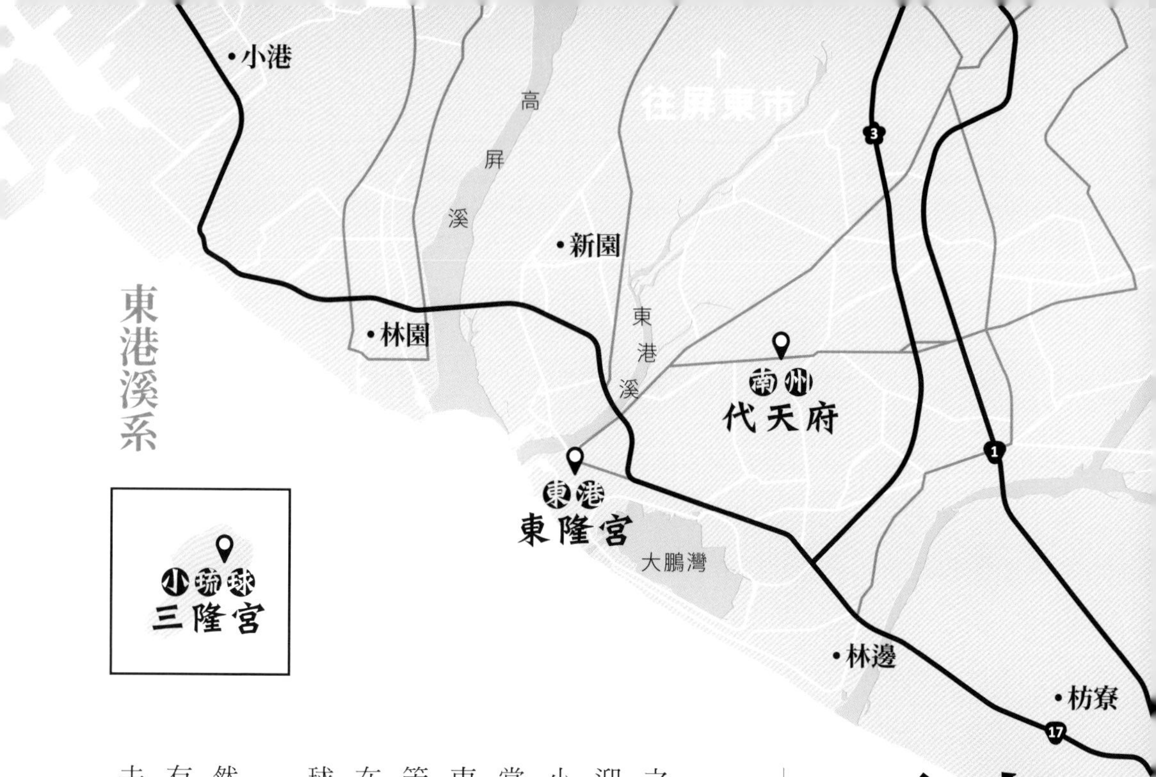

東港溪系的王爺信仰

在二〇〇二年、二〇〇三年的田野調查之後，我知道東港附近的南州和小琉球都有迎王，所以開始做記錄，包括東港東隆宮、小琉球三隆宮和南州代天府。東港東隆宮通常是該年當中最早迎王的，時間連續一週。東港和南州今年（二〇二一年）的時間已擲筊出來了，據往年經驗，小琉球時間通常落在兩者中間。本書出版的二〇二一年，小琉球則是最早迎王（十月八日至十四日）。

這幾個地方的請水也不一樣，小琉球雖然一樣去海邊請水，之前還有一個小琉球獨有的「遶港腳」儀式，請水前神轎會到船上去，進行海上遶境，繞島一週。

小琉球戊戌正科迎王平安祭典從特有的「遶港腳」展開序幕。五十多艘載著神轎的漁船繞島一圈進行祈福。途經花瓶嶼是最顯著的地標。

攝於二〇一八年

小琉球迎王平安祭典揭幕的獨特儀式——遶港腳

小琉球三隆宮戊戌正科迎王祭中澳沙灘請水

拍攝時間在魔幻時刻的傍晚，持續約廿到卅分鐘，這時刻有種神祕氛圍，
畫面正好說明我對請水儀式的感受。
攝於二〇一八年

攝影經驗談

以流動感捕捉迷離氛圍

晚上比較不好拍，通常會用高感光度，粒子相對較粗。我用慢速快門補閃光燈，以高速凍結的方式，造成光線的流動感，因此道士在做大動作比劃時，會留下殘影。對於未知的場域，他做的很多東西我不瞭解。用這種手法拍攝，是我現場當下的心境，迷離又弔詭的氛圍，可能很多人臉或道具是不清楚的，但正好印證我對事件內心的反射。

道士非常專注、肅穆，有一種帶你穿越時光，到達另一個時空的氛圍。

攝於二〇〇九年

小琉球三隆宮己丑正科送王前科儀——和瘟押煞

2 | 1
3 |

1. 小琉球三隆宮己丑正科王船遷船遶境，路邊戴口罩拿香的小朋友

我非常喜歡小琉球，它是離島，補給不若本島方便。當地人在物質不便的情況下，只能靠天吃飯，因此遶境經過民家時，居民對於信仰的熱誠，更甚於本島。

攝於二〇〇九年

2. 王旗上用朱砂寫著「奉玉旨代天巡狩　己丑正科　遶境平安王駕」，旁邊是一定會有的中軍府，是王爺身邊的護衛，迎王前是造王船的監造者，非常重要的角色。在遭受無形病毒攻擊的這個年代，王爺信仰的無形力量，正好對抗無形的病毒。此地王船相對體型比較小，遶境時船上的帆、桅已經裝好。用鐵架、輪子推著，也不需要像東港那麼多人來拉縴。

攝於二〇〇九年

3. 東隆宮限定的「祭改」，由班頭持溫王爺的令旗負責為民眾祭改

改運分為小改、大改、車改三種形式。班頭會問你姓什麼，令旗在前胸、頭頂揮過，同時秉告王爺。執行大改要先經王爺同意，五體投地趴著，拿廷杖作勢仗責，自認有罪，請王爺恕罪，透過此形式求得赦罪心安。車改（或稱改車），東港民眾不論住當地或客居外地，買新車就會找時間開至東隆宮進行車改，車內車外、四個輪子用符令淨化完，車子再掛上平安符。如果沒經過這步驟，總覺得沒有完成牽車儀式。

攝於二〇一五年

小琉球三隆宮己丑正科王船遷船遶境全島

2 | 1
3

1. 大總理與各總理代表全鎮鎮民迎接大千歲
東港限定版，「大總理」與各總理代表全鎮鎮民迎接大千歲，三輪車是接送他們的交通工具。
攝於二〇〇六年

2. 透過穿白袍的鸞生，以神語交談。拿著鹿角杖撞擊後退駕。忠烈宮是我拍攝迎王時，最喜歡駐點的宮廟。三斗的廟格正好和大千歲位階相當，每回祭典經過時必定降駕入廟。
攝於二〇〇六年

3. 王船的船舷有船夫雕像，要用的人力、物品、六畜，用木刻方式添載。最特別的是兩旁會有各省簡稱的燈籠。掛上王船之前，是掛在東隆宮正前方、王爺戲臺左右兩側。寫的是過去台灣地理所稱中國的卅六省，時至今日，中國省分已不同於過去，東隆宮則依然保存這些因「歷史」發明的「傳統」。
攝於二〇〇六年

小辭典 總理、旗牌官

科儀中主其事者稱總理們，曾文溪稱旗牌官，東港溪以捐款最多者任大總理。有其榮耀可搭乘傳統三輪車，家門前設牌樓，陣頭經過會有演出或入屋淨宅。迎王請水當天，大總理還有專屬的「飯湯」。小時候，爺爺生前曾說過，哪天若有錢也想捐錢穿官服、擔任總理職務，希望有機會感受其榮耀。

大千歲駕臨忠烈宮，和開臺延平郡王附身的鸞生，展開一段神的對話

2 | 1

1. 南州溪洲代天府丙戌正科迎王請水，奉玉旨代天巡狩「玉賜先斬後奏」

南州離東港不遠，主祀朱府千歲。「玉賜先斬後奏」，玉賜是玉皇大帝所賜玉旨，「先斬後奏」宛如歷史劇中有尚方寶劍的欽差。只有南州看得到這個「先斬後奏」，其他地方都是寫「肅靜」之類。這些都是在鞏固對神的敬重，若不敬重祂，就不會遵守社會規則。

攝於二〇〇六年

2. 請水時各地來的乩童、陣頭，於海邊集結，共襄盛舉。大千歲這麼盛大的客人要來，我們一起來迎賓。照片的動作是在淨灘，把灘上一些雜七雜八有的沒的進行淨化。

廣澤尊王在南部是很大宗的信仰。祂是幼時肉身得道，坐姿是翹腳，還有孩童金身和長大的法像，駕前有十三太保。

攝於二〇〇六年

南州溪洲代天府丙戌正科迎王請水

2 | 1

1. 南州溪洲代天府丙戌正科迎王請水王馬

王馬背著兩把寶劍、帶著令旗，以前以為只有曾文溪系的旗牌官才騎王馬，沒想到在南州看到總理也是騎在王馬上。縱使同為東港溪，王馬也有不同展垷方式。王馬有些禁忌，來的時候不能放鞭炮，以免驚嚇到王馬。也不能拿馬鞭打牠的屁股，不能靠牠太近。

王馬是大千歲前鋒，王馬到，代表王爺即將到來。人站的位置不能比祂高，否則會被驅趕下來。小時候我們跟著王馬，祂會突然停下來，家將就會衝上樓把人趕下來。鄉下沒什麼高樓，兩、三層就了不起了。老一輩認為這是一種尊敬，只要王爺快要來的時候，再下來就好了。

攝於二〇〇六年

2. 請水就是真的要潦下去，舉輦傘和令旗下海。請水過程，來共襄盛舉的陣頭，用各自不同的陣法，包括虎爺、乩身、家將等在海邊請水。

攝於二〇〇六年

南州溪洲代天府丙戌正科，舉著輦傘迎王請水

曾文溪系

曾文溪流域的王爺信仰

曾文溪系的王爺廟也非常多，有些廟不一定在大科年舉辦王船祭典，有些在之前，有些在之後。接下來介紹的，是在不同時間點發生，不像東港溪系那麼固定都在大科年。

王船上面有三帆三桅，曾文溪系則在三帆上面各有一隻鯉魚公。燒的時候桅倒下來所朝向的村莊，據說未來三年會比較興旺。鯉魚公是唯一不被王船帶走的，掉下來之後有些廟會派人來收，有些則被民眾請回家供起來當作聖物。

在曾文溪系，燒王船的地方不見得在海邊，很多是在內陸。原本古代送王的地方是在海邊，後來因為淤積而變成內陸，這是我觀察到曾文溪系和東港溪系很大不同的地方。

台南善德堂丁亥科三朝王醮，七爺謝將軍

穿白色的七爺謝將軍很高，和背後很高的建築相呼應，一旁還有現代的摩托車，有一種穿越的感覺。

攝於二〇〇七年

台南善德堂丁亥科三朝王醮送王

2 | 1
3

1. 大科年隔一年舉行，這艘船算中型，從市區移動到安平，這是送王的那天。穿馬掛，戴官帽，不脫清朝制度。這裡看到的叫總幹事，這些名稱和在地主其事的人教育文化或習慣用語有關。
   攝於二〇〇七年

2. 從市區走過台南耳熟能詳的林默娘公園，桅上面的鯉魚公很清楚。船身較小，一開始就把帆和桅都立好了。下面是裝飾過的台車，靠台車幫忙才能在陸上行舟。
   攝於二〇〇七年

3. 來的是羅府大千歲，王船前後有家將護駕，送王之前，宋江陣掃蕩全場清水路。
   攝於二〇〇七年

台南善德堂丁亥科三朝王醮送王，
經過林默娘公園

台南善德堂丁亥科三朝王醮，家將護駕

1
2

1. 台南柳營代天院戊子科送王，仍有活體祭祀

曾文溪系和東港溪系有非常大的不同，王爺遊天河前的添載，要帶走的金銀財寶、民生用品等，東港溪系已改用木刻。在台南，很久前我曾經拍過，用的卻是活體的雞、鴨、小豬丟到船上燒。如果逃出來就不再放回去，可以帶走。用剪影把不知命運為何的雞，對比現場炫麗 LED 燈是一種隱形的問號，為什麼要用活體？動保協會肯定會有異議。我也有很多疑問，為什麼不能轉化？這是可以被討論，有沒有改變的可能？

攝於二〇〇八年

2. 台南柳營代天院戊子科送王，王爺準備移駕

主其事者抱著王爺移駕到王船上，後面乩童護駕。穿的是古代官服，手上戴的卻是現代手錶。

攝於二〇〇八年

台南柳營代天院戊子科送王前、夜市、王船、鋼管秀

在柳營送王前，固定有這樣的畫面出現，王船屬前現代象徵，鋼管歌舞秀／變形金剛舞台車則是現代台灣獨一無二，夜市又是台灣人最愛。把很現代人的娛樂、遠方莊嚴肅穆的王船，加上夜市攤販的燈，用蒙太奇拼貼手法，長鏡頭壓縮，疊在同一個畫面呈現。

攝於二〇〇八年

台南柳營代天院戊子科送王，燒王船

遊天河時，烈火把所有護駕的醮壇護法及坐騎、護衛船夫、兵將一起燒化，護衛王爺離去。

攝於二〇〇八年

北門三寮灣東隆宮乙酉年王醮，官將首護衛

王船祭過程一定會有很多家將團護衛，這是屬官將首系統，源自於新莊的地藏庵，官將首通常會有獠牙，在送王現場擔任護衛。
攝於二〇〇五年

北門三寮灣東隆宮乙酉年王醮，掃蕩妖魔的黑令旗

用黑令旗來掃蕩妖魔鬼怪，在王船前面開道。
攝於二〇〇五年

北門三寮灣東隆宮乙酉年王醮，火燒王船，王爺啓程

這也不是在海邊，離廟步行約十分鐘，在一個空地，每次都在這邊。火勢已瀰漫船身，滿帆。順風相送，王爺已經啟程。
攝於二〇〇五年

北門三寮灣東隆宮乙酉年王醮，王船遷船遶境

王船尺寸算中大型，遷船遶境到遊天河的地點時，帆和桅才放上去。船首畫十二生肖，左右船弦畫八仙。每一艘王船彩繪都不一樣。
攝於二〇〇五年

迴避
肅靜

長知識　文化生痕

為什麼我對這些儀式、科儀、廟會樂此不疲，回來後觀察一些影像細節差異，或同一家也不同。像是淡水忠義宮，燒的小王船是竹編的，討海人最大的祈求是海不揚波。我就拍過兩次，有拍到從左邊往右邊寫，另一次從右邊往左邊走。同一家就有可能不同，要深究有很多細節值得推敲。祭典是由人操作的，一定會有很多人性所留下的痕跡。

常說文化生痕，「生痕」一詞是從考古學借用，從生痕化石瞭解動物移動留下的軌跡，有別於骨頭化石。事情發生，然後就過去了，不會一直留在那邊變成化石讓你發掘。影像記錄的可貴，在於它能凍結當下的文化生痕。

這些資訊可以提供後來做專題研究、做廟史研究的人比對，照片供做某種程度的佐證，補上文史記錄可能缺少的那一塊拼圖。重新整理照片時，讓我找到更多不同角度、不同思維的照片。

1
2

1. 真護宮不但有陸上行舟的凱旋號，還有平安橋。這裡的平安橋，左青龍右白虎，龍邊進，右邊白虎門出。通過八仙彩搭的橋身，神轎架在正上方，民眾不用蹲或趴下來，用另一種形式來鑽轎底，一般是面對轎頭鑽過，這裡則從轎尾往前走。

   攝於二〇〇六年

2. 穿古代官服的、穿西服的、還有穿便服的，古今中外融合一堂，人力拉縴。下方一定要用輪子才能移動，移動時撒紙錢，給沿路過往的眾兵將花用。

   這裡的榜文貼在劍獅正前方，仔細比較不同地方的王船，會發現大同小異，五寶掛在前面，擋煞開路。

   攝於二〇〇六年

台南安定眞護宮平安橋

台南安定眞護宮送王，人力拉縴移動王船

2 | 1

1. 台南安定真護宮送王，撿拾鯉魚公的民眾

梔上有鯉魚公，這是台南的王船特有。梔倒下時，唯一不帶走的就是鯉魚公，一般民眾可以撿回家當吉祥物。

攝於二〇〇六年

2. 送王現場，主祭乩童在添載時會做很多儀式，旁邊會有來助陣的，女濟公的表情非常有趣。濟公就是所謂降龍羅漢，手上會拿酒。濟公大部分是人扮的，偶爾也會有大仙尪仔。從這位女濟公，看得到台灣的廟會沒有性別歧視，在廟會時工作繁重，各司其職，後來連官將首、引路童子也有女性參與。

攝於二〇〇六年

台南安定眞護宮送王，女濟公在添載時進行儀式

台南十三甲武德宮丙戌科五朝王醮送王，楊元帥點名會首

2 | 1
3

1. 曾創普渡史上最多牲禮一千二百頭豬（見第十七頁）的武德宮，送王時楊元帥點名。如同軍中早點名，發現少一個人，旁人打 pass 說他在忙，楊元帥就說，才怪，他不是昨天喝酒喝到早上嗎？把他叫過來，當面斥喝。經過這次教訓，我相信這位以後再也不敢隨便瞎掰扯謊。
   這次來的是楊元帥，乩身本來操台灣國語，一旦楊元帥上身，說的卻是濃重的外省腔。楊元帥點名會首，為他加持。現場人很多，使用魚眼拍攝。
   攝於二〇〇七年

2. 送王現場巡行戒護，讓王爺安然遊天河。燒的時間在白天，曾文溪系燒王船，既不在海邊，也不在晚上。
   攝於二〇〇七年

3. 陸上行舟，會首在上面。楊元帥開路，船上後方是神明臨時行宮，有媽祖廟、王爺廟。一起到送王現場，沿途民眾幫忙拉縴，如同媽祖遶境民眾會想要摸轎，但媽祖鑾轎有禁忌，王船則比較沒有禁忌，可以靠近幫忙拉縴。
   攝於二〇〇七年

台南十三甲武德宮丙戌科五朝王醮、送王，白天燒王船

台南十三甲武德宮丙戌科五朝王醮，民眾簇擁王船前往送王現場

台南十三甲武德宮丙戌科五朝王醮，送王燒王船

王船燃燒啟程，旁邊繞的是宋江陣。王船三桅有一個已經快要倒了。
攝於二〇〇七年

長知識　金唐殿蜈蚣陣世界記錄

金唐殿除了有迎王儀式，還有在蕭壠（佳里舊名，源自西拉雅社名）地區的百足真人陣，就是俗稱的蜈蚣陣。以此申請到金氏記錄，有趣的是，國外沒有蜈蚣陣，被歸類為人力花車，最長人力花車的金氏記錄。這批照片在蕭壠文化園區辦的「近未來的交陪」展出，策展人把蜈蚣陣的照片做成王船的形式展出。

2 | 1

1. 台南佳里金唐殿，送王前添載天庫

佳里這裡添載的動作很快，天庫是一卡車一卡車運來，堆得範圍比船還大。畫面構圖刻意把船身置放於遠處兩個鐵塔之中。鐵塔是後現代的產物，王船是前現代的象徵，形成對照。

攝於二〇〇八年

2. 台南佳里金唐殿送王，王船遶境

金唐殿的送王如同其他台南曾文溪系，獨樹一格，一樣是陸上行舟，一樣不在海邊，是在空地上舉行。有個不成文規定，不可以站在比神高的位置，如同天橋，讓神從底下過去，會有冒犯。所以我選擇一個很側的角度，在佳里街上的客運站二樓拍攝。

攝於二〇〇八年

2 | 1

1. 台南佳里金唐殿，送王前添載

添載時，把船夫、轎班做成龐大隊伍的紙紮，放到王船上，不同於東港溪系做成木刻。負責添載的主事者，身上的服飾和添載物——船夫、轎班一樣，這些添載物等於是王爺的隨從，跟著回天庭去繳命。

攝於二〇〇八年

2. 船首畫的是劍獅，不知和安平的劍獅是否有關？它是畫的，而且是立體的。東港溪系船首不曾有劍獅，畫的是福祿壽。從王船的細節去研究，可以看到每個地方存在大同又小異。每艘王船建造的時候，造船師傅接到的指令有什麼不同，值得推敲比較。

攝於二〇〇八年

台南佳里金唐殿送王，燒王船

其他地區的王爺信仰

東港溪系和曾文溪系以外，從南到北選了三家比較獨特的王船。台灣的王爺廟七百多家，也不是每一個王爺廟都有王船。以下這三家的獨特性，與前面介紹遊天河或遊地河有所不同，也是代天巡狩。

基隆外木港協安宮王爺不叫「遊地河」，名稱叫「遊江」，王船搭著漁船出海。淡水油車口忠義宮的王船沒有遶境，王船到淡水河畔就會燒掉，每年一次。南鯤鯓代天府這次完全不是規律性的，王爺突然降旨就出動，要去澎湖遶境。應該還有其他更具特色的，這三間廟是我曾記錄過，有別於前面介紹的兩大系統，因此特別呈現介紹。

淡水油車口居民在送王時會挑著天擔來犒軍。各地犒軍大同小異，護送王爺來的兵馬是無形、來自陰間的，和人不一樣。會備水、空心菜，空心菜只能燙三分熟。讓你可以吃飽喝足離開，空心菜代表：我們歡迎你來，但是人鬼殊途，不希望你留在這裡，跟你只有三分情，空心菜無心。你是客人來作客就好，不能留太久。迎來，待之以禮，然後送客。
開始送王的過程非常快，前後三分鐘左右整艘船就燒完，還要有人用長桿子拎著帆桅，才不會垮了。淡水河口遠方有海巡署驅逐艦，在傍晚伴著夕陽焚燒。這是我拍過，非常迷你、非常有特色的祭典。
攝於二〇一三年

淡水油車口忠義宮送王

淡水油車口忠義宮送王，竹架王船

二〇〇二年王船踏查之旅後，就特別留意哪裡有燒王船的訊息。有一天，看到淡水忠義宮要燒王船，這太特別了，於是就跑去看。它是以竹子做支架的紙糊王船，放到水裡一下子就溶掉了。這可能是由雲嘉南到淡水墾荒的先民帶來的習俗，或許來自東港溪系，或許來自曾文溪系，但是不若原本家鄉的人力、物力資源那麼龐大，只能就地取材、因地制宜地改變。

每個地方為什麼會有王爺，各有不同傳說。和原本看到遊天河的大型王船，這裡的王船不論材料或形式都很不同。船尾寫著「海不揚波」，有的左邊寫過來，有的右邊寫過去。到各地追王船時，其中有許多眉角、細節，很迷人，仔細去比對、觀察，一定可以找到文化生痕。文化是人構成的，人會變，其中會留下很多痕跡讓人去發掘。

攝於二〇一三年

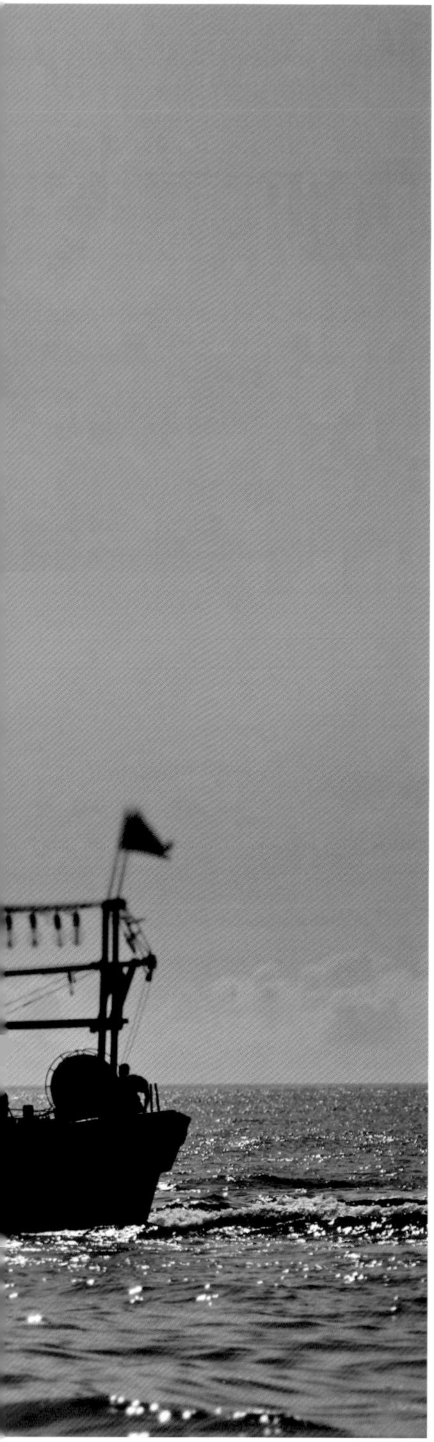

基隆是靠海的深水港，在外木山這個地方協和發電廠旁的協安宮，王船規模相對比較小，這王船一直供奉在王船廠，沒有燒。每年農曆六月十八，王爺搭上漁船，出海遶境，在東北角一帶，經野柳、龜吼港、澳底。

到了港口，有時候進港登岸休息，位置不固定。跟王爺出海的不只載著王爺的船，還有協安宮其他神明一起登船，大約十多艘。海上遶境的概念，在港的外圍圍成一個圈，在港灣繞三圈，宛如地上的三進三退，進行約半天結束。

跟著出海多次，有趣的是，我們常在地理課本上看到的一些地名，像是燭台嶼、駱駝峰，從陸上看都不太像。我從海上看，哇，就是一個燭台，就是一個駱駝峰。在大航海時代，從海上來的人看到是什麼，就這樣命名。

攝於二〇一七年

基隆外木港協安宮王爺遊江，搭漁船出海的王船

南鯤鯓沒有王船，有一年鯤鯓王突然降旨要去澎湖遶境三天。為什麼選澎湖？因為地理位置和台南非常近，有台澎輪可前往。當年南鯤鯓代天府建廟時，很多石材、工匠都來自澎湖，和澎湖的宮廟就有交陪。

神轎進大卡車，開進台澎輪，一路開往澎湖。快到馬公碼頭時，在地的幾十艘漁船駛來，在海上接駕。接到台澎輪後，再一起返回馬公碼頭。二〇〇八年還沒有空拍機，我站在台澎輪甲板上，用大砲吊畫面，從船首看整個馬公碼頭迎接王爺要登陸的盛況。

攝於二〇〇八年

台南南鯤鯓代天府澎湖遶境，海上接駕

長知識 王爺信仰指標——南鯤鯓代天府

講到王爺信仰，絕不能漏掉南鯤鯓代天府，這是南部王爺信仰重要的指標性宮廟。五府千歲分別是李、池、吳、朱、范府千歲，其中兩位千歲生日很接近，每年會有生日前慶祝活動的聚會，就是香期。固定有四大香期，生日前一週，分靈出去的王爺會回來。廟埕面積寬闊，進香時可同時容納兩路人馬入廟，出廟一路。廟門宛如南天門。王爺降駕時，乩身都是來真的，我曾親眼目睹長約一公尺的針，從乩身嘴巴穿過去。我在南鯤鯓看到操三寶、操五寶，最野生的王爺信仰的乩童，非常特別。

五王聯誼會，南鯤鯓代天府去的陣頭和在地陣頭一起走在跨海大橋，前往漁翁島，滿滿都是遶境的人群。這不是常態祭典，而是王爺降旨就辦的特別場。恭逢其會，當時還在報社擔任攝影記者，剛好有機會跟著鯤鯓王去澎湖遶境。

攝於二〇〇八年

台南南鯤鯓代天府澎湖遶境，隊伍行經跨海大橋

、九份媽祖

之三 媽祖信仰

媽祖概論、大甲媽祖遶境進香、白沙屯媽祖起駕、白沙屯媽祖進香路上、白沙屯媽祖回鑾、白沙屯二媽遊庄、神祕經驗、

白沙屯拱天宮大媽（軟身）剃面後法

攝於二〇一八年

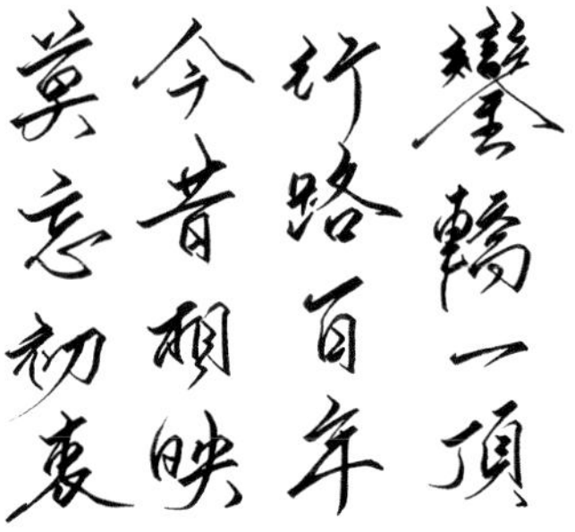

白沙屯年刊，曾用過我的硬筆書法，
「鑾轎一頂，行路百年，今昔相映，莫忘初衷」。
寫於二〇一六年

媽祖概論

媽祖不只是在台灣，而且是整個東南亞非常龐大的海神信仰。

媽祖傳說有許多的記載。媽祖昇天之前，是宋朝福建海邊生長的一位女性，傳說她為了漁民，晚上會到海邊高處提燈籠照亮，為歸來的漁船指引方向，在沒有燈塔的年代更顯重要。媽祖死後化身為海神，繼續保護漁民。

清朝施琅攻台之前，媽祖的神格是天妃。施琅三次攻台，因部眾多為出身福建閩南的水軍，對媽祖信仰深信不疑。攻台前一天，施琅藉以作為心理戰，「昨晚天妃託夢，隔日攻台必然成功」。後來順利攻下台灣，施琅將功勞歸於神的助力，奏請朝廷賜封媽祖升格為「天后」。在台灣，何者是開台的媽祖，有很多說法，這裡不一一討論。誰是第一並不重要，誰是信徒心中的唯一信仰？如何形成？跟現在疫

媽祖指定師傅進行剃面。剃面前（第一四五頁）、剃面後（第一四二、一四三頁）不太一樣，師傅依媽祖託夢指示及擲筊請示相關工序、用料。媽祖神像是軟身，四肢可以動，和一體成形的神像不一樣。
攝於二〇〇七年

白沙屯拱天宮大媽剃面前法相

這尊並非放神桌上供奉的神像，用文物眼光看，臉上的裂紋、煙燻，看得出當時製作師傅的用心，看得到文化生痕。對攝影來說，留下時間的痕跡是最珍貴的。重新粉刷、漆過了，就少了原味的質樸。

情如何因應……？這些才是我想進一步探討的內容。

關於台灣媽祖的「遶境」、「進香」，大甲媽祖用的是「遶境進香」，白沙屯媽祖一直都是用「進香」。單從字面探討，遶境是上對下；進香是回祖廟去進火、分香火回來延續，或到香火鼎盛的廟宇進火，兩者意義有很大不同。我認為應該尊重宮廟本身的認定，去對宗教行為作註解。台灣有「近廟欺神」的俗諺，無知有時也是一種惡，如同王爺信仰，每個地方為神明服務的項目是類似的，但稱呼不一樣，媽祖信仰也是如此。白沙屯在地人會尊稱媽祖為「媽祖婆」，或直接稱呼「媽祖」。現在有人簡稱「白媽媽」、「白沙媽」，這些講法對當地人而言，聽來都相當刺耳。想參與這類宗教活動時，還是先做點功課，有一點基本常識比較好。本書前面章節提到的王爺信仰，屬於區域性信仰，媽祖信仰則不一樣。國外有西班牙七百多公里的「朝聖之路」（Camino de Santiago），日本也有一千兩百公里的「四

台南大天后宮神像已超過三百年歷史，神像裡支撐的木頭被蟲蛀斷，導致整個頭部斷裂，接回去還沒有上金面前，我使用四百釐米大砲進行長距離壓縮。就廟方而言，神像毀損就要修復，不過我個人比較喜歡有歷史痕跡的容顏。

攝於二〇〇五年

台南大天后宮金面修護前法相

國遍路」，台灣則有一樣徒步行進的兩大「媽祖遶境／進香」。其一大甲媽從鎮瀾宮出發到新港奉天宮，來回三百四十公里，延續九天八夜；其二是白沙屯媽祖從通霄拱天宮到北港朝天宮，來回三百多公里，延續六至十二天。

雖然都是擲筊決定起駕時間，白沙屯媽祖在農曆十二月十五日擲筊，大甲媽在正月十五日擲筊。不太一樣的是，大甲媽遶境路線及駐駕地點都是固定的，二〇〇〇年以後起駕固定在週五晚上十一點，已成常態。白沙屯媽祖進香路線和駐駕地點都不固定，起駕時間從週一到週日都有可能，也不一定在晚上。白沙屯媽祖還有個特別的地方，隔幾年會有急行軍（或稱強行軍），去程必須在一連兩晚不能睡覺的情況下，三十幾小時走上將近二百公里抵達北港朝天宮，速度非常快，幾乎不眠不休地趕路。白沙屯轎班有三班保持輪替，正常人想跟，除非體力非常好。二〇二一年回程是急行軍：四月十一日深夜十一時四〇分（農曆三月一日子時）起駕出發，預計於四月十六日抵達北港，當天深夜進火後北返，四月十九日下午回宮。

就其思維或模式，兩間廟闡述的意義有些不太一樣（「遶境進香」和「進香」有所不同，參前述），不過都是媽祖親自走入民間探訪人民疾苦，跟王爺信仰的禳災、除瘟一樣。一剛一柔，對台灣人民來說有不同的撫慰作用。特別是在這疫情蔓延肆虐的年代，信仰可以讓我們更有力量去面對艱難困厄的環境。

長知識 拱天宮祖廟已不可考

根據拱天宮說法，拱天宮媽祖來處不可考，原奉祀在爐主家，後來才集資建廟（一八六三年／清同治二年）。北港朝天宮並不是祖廟，為何要到朝天宮進香，較可信說法是渡黑水溝（台灣海峽）回祖廟路遙且險，北港朝天宮有「聖父母殿」，所以就選擇至此進火，也算是另一種形式的進香。

1 | 2

1. 大甲鎮瀾宮供奉鎮殿大媽、二媽、三媽、四媽、五媽、開基媽、湄洲媽，共七尊媽祖。這是其中的大媽（後）與二媽（前）。
攝於二〇一六年

2. 副爐媽（左）、正爐媽（中）、湄洲媽（右）。
攝於二〇一六年

大甲鎮瀾宮鎮殿大媽與二媽法像

大甲鎮瀾宮遶境進香時，登轎的三位媽祖法像

台灣兩大媽祖盛會

相關資訊對照表

大甲媽祖

- 名稱
  遶境進香
- 天數
  九天八夜
- 來回里程
  三百四十公里
- 行程擲筊時間
  農曆正月十五日
- 駐駕及路線
  固定
- 進香廟宇
  新港奉天宮

白沙屯媽祖

- 名稱
  進香
- 天數
  八天七夜
- 來回里程
  約三百多公里
- 行程擲筊時間
  農曆十二月十五日
- 駐駕及路線
  不固定
- 進香廟宇
  北港朝天宮

大甲媽祖遶境天數，最早為七天六夜，一九六二年起延長為八天七夜，二〇一〇年起再延長為九天八夜。

攝影經驗談

慢速快門，展現流動感

以前拍攝媽祖進香較沒有禁忌，可以站在旁邊制高點坡地，用慢速快門的方式追蹤轎子的移動，畫面有部分會清晰，其他部分則有流動感。

二〇〇六年白沙屯媽祖回鑾在秋茂園換轎。進香時用的是四人扛、質量較輕的藤轎，裡面坐兩位媽祖，後面是白沙屯大媽，前面是山邊媽，兩位姊妹結伴出遊。去程輕裝簡便，回程前一晚進駐通霄灣的活動中心或媽祖廟，隔日，白沙屯拱天宮八抬大轎及山邊媽四人扛大轎，在秋茂園省道對面廣場等候，進行換轎。山邊媽先下轎，再換大媽換轎。
攝於二〇〇六年

白沙屯媽祖回鑾，秋茂園換轎

4 | 2 | 1
3

1. 小時候曾努力練習書法，練過魏碑、瘦金體，在白沙屯拱天宮出版的二〇一八年年刊，拱天宮文化組邀我題字。我用的是鋼筆的書法尖，不是真的毛筆。除了影像，生命中的某些行為和信仰產生發酵微妙的關係，是我始料未及、與有榮焉之處。

   攝於二〇一八年

2. 白沙屯媽祖要進北港朝天宮前經過溝皂里，前景是綠油油的稻田，這張被選為年刊封面封底跨頁照片。數位當道，大家習慣在螢幕看圖，最常用手機觀看。被印成對開開本的紙本，大尺寸展現震撼度，能看到更細微的影像內容。

   雜誌翻拍於二〇一九年

3. 白沙屯屬火車的海線，二〇一九年設計了彩繪列車，與媽祖同行。這是進香期間限量版，運行六個月，把歷年攝影志工所拍的照片放到列車車身。我的作品——前述的跨頁溝皂里進香照片也入選，定名「進香路上」。第一次看到作品被放到半截火車的巨幅尺寸，震撼度更大，對攝影者來說，看到作品呈現於載著信徒移動的火車上，是很大的榮耀與肯定。

   二〇一九年活動文宣

4. 海神信仰天后，台灣有登記的媽祖廟有五百多間，幾乎各鄉鎮都有一、二間。信仰本身在安定人心，如空氣般存在，只有在缺乏時才知道其可貴。長年在台灣各地拍攝，對大部分台灣人而言，信仰就是日常生活。人們習慣到廟裡，把生活中的難題告訴神明，藉由上香、祝禱、擲筊、求籤……等儀式，尋求神的慰藉及心的寄託與指點迷津。

   攝於二〇一八年

單純信仰的日常

大甲媽祖遶境進香

報社工作時為了拍攝三百六十度的影片，在廟前廣場留下工作中身影。攝於二〇一六年

大甲鎮瀾宮原是遶境進香到雲林北港朝天宮，一九八八年後改至距十分鐘車程的嘉義新港奉天宮。我從學生時代開始參與，那時候還搞不清楚狀況之下，開啟了橫跨卅年的拍攝。

當時參與後心裡只有一個想法——就覺得，這不就是烏托邦嗎？現場有志工陳伯伯開著小發財車，幫我們載行李到下一站休息的點。大甲媽祖路關圖（見第三十二頁「小辭典」）是固定的，擲筊出來會公布行程，每天駐駕在哪裡都已確定。當時以學生社團去申請，他們就安排交通工具，我們白天只要背著簡單行李（相機），八天七夜（二〇一〇年起改為九天八夜）跟著走，才有幸記錄到這些影像。卅年前沉迷於黑白照片，自己會洗照片，大量使用柯達TMZ，它是3200度的黑白底片，因為由T型粒子構成，洗出來的的照片極似炭筆畫。經過交叉對照，早年這些影像與現在風貌截然不同。

當年去走的目的很簡單，就是跟著祂、陪媽祖散散步。當時還有「回娘家」這名詞，時隔卅年，現在這名詞已經不用了。目前大甲鎮瀾宮官方說法，這是「世界三大宗教祭典」之一，參與者高達幾十萬人。

一九九〇年以來的參與經驗發現，有時沒跟上隊伍反而有其他樂趣。我曾經未在固定地點入宿，就睡在卡車後斗或屋簷下，也曾睡在香客大樓，蓆子一鋪在地上就躺平了。一路上普羅太平，大家很熱烈地供應食物、飲水，拿了第一家的肉粽，沒有拿第二家的碗粿，他們就會生氣。在「媽祖婆」之下，眾生平等。非常祥和的狀態下，跟隨的人不用擔心吃住，都被好好安排，只要跟著遶境隊伍走就行了。路上隨便問一個阿公阿嬤，個個都是從年輕走到老。穿個藍白拖，拖著菜籃車，就這樣跟著走了幾十年，實在超厲害。

時隔這麼多年，從照片看到現在和以前大不同。早年起駕前，當天下午有各地陣頭前來鎮瀾宮廣場祝賀、共襄盛舉。二〇一六年再以記者身分參與，現場非常奇妙，完全沒有任何外來陣頭，只有一陣是台東來的寒單爺。為什麼是寒單爺來，我也問了廟方，他們說剛好有交陪，很模糊的官方說法，總之也不得而知。就我的觀察，好像就少了過去的純樸，比較多人為的操作。

一九九〇～二〇一六年，用攝影臂章見證時間軸。
這是我從學生時代到後來擔任攝影記者兩次採訪，臂章製作形式從儉樸的印刷到精緻的刺繡，見證了不同時期的演變。

大甲鎮瀾宮遶境進香 二零二一 駐駕日期及宮廟

第①天 4 月 10 日（六）
二月廿九　**彰化市南瑤宮**
（駐駕）

第②天 4 月 11 日（日）
二月三十　**西螺鎮福興宮**
（駐駕）

第③天 4 月 12 日（一）
三月初一　**新港奉天宮**
（駐駕）

第④天 4 月 13 日（二）
三月初二　**祝壽大典**

第⑤天 4 月 14 日（三）
三月初三　**西螺鎮福興宮**
（駐駕）

第⑥天 4 月 15 日（四）
三月初四　**北斗鎮奠安宮**
（駐駕）

第⑦天 4 月 16 日（五）
三月初五　**彰化市天后宮**
（駐駕）

第⑧天 4 月 17 日（六）
三月初六　**清水朝興宮**
（駐駕）

第⑨天 4 月 18 日（日）
三月初七　**大甲鎮瀾宮**
（回駕）

去程路線

第一天：大甲區↓清水區↓沙鹿區↓龍井區↓大肚區↓彰化市

第二天：彰化市↓花壇鄉↓大村鄉↓員林市↓永靖鄉↓北斗鎮↓溪州鄉↓西螺鎮

第三天：西螺鎮↓二崙鄉↓虎尾鎮↓土庫鎮↓元長鄉↓新港鄉（經北港古香路）

第四天：新港奉天宮舉辦祝壽大典

回程路線

第五天：新港鄉↓元長鄉↓土庫鎮↓虎尾鎮↓西螺鎮

第六天：西螺鎮↓溪州鄉↓埤頭鄉↓北斗鎮

第七天：北斗鎮↓田尾鄉↓永靖鄉↓員林市↓大村鄉↓花壇鄉↓彰化市

第八天：彰化市↓大肚區↓龍井區↓沙鹿區↓清水區

第九天：清水區↓外埔區↓大甲區

大甲鎮瀾宮遶境進香路線圖

四月九日（五）農曆二月二十八日二十三時大甲鎮瀾宮起駕

去程路線 ——

回程路線 ——

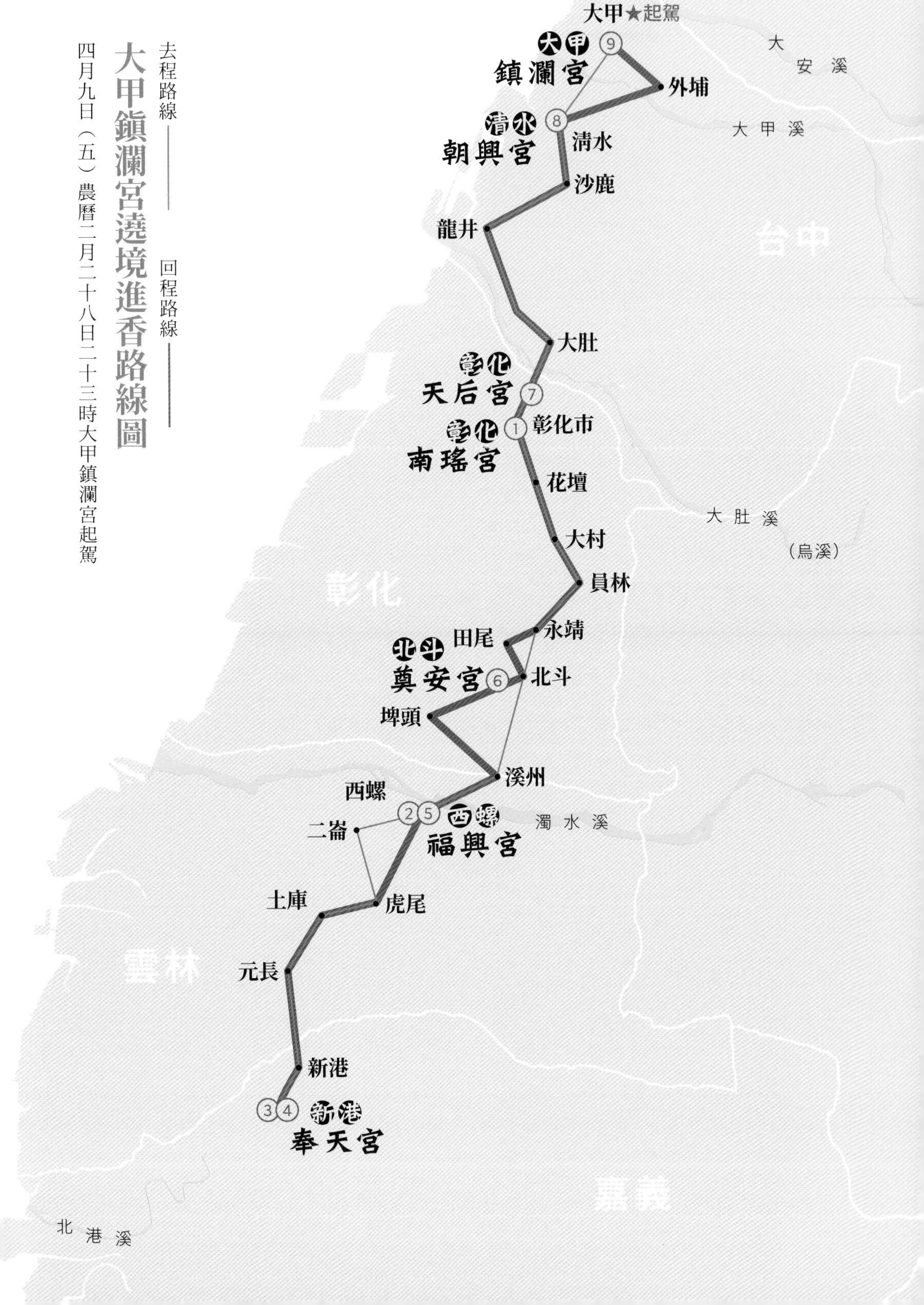

大甲鎮瀾宮媽祖起駕

照慣例通常會在晚上十一點的子時起駕，從廟前廣場到出鎮，這段路就要走一、兩小時。那時拍照沒有什麼禁忌（未限制不能站得比神明高），我在旁邊民家樓上拍攝。早年也沒有什麼政治人物到場關注，就只是在地人信仰的宗教盛事。我很懷念當年，大家只是想陪媽祖去走走的單純。在那個晚上，整個大甲就是一座不夜城。

攝於一九九〇年

2 | 1

1. 鎮瀾宮門神夜景

鎮殿門神是秦叔寶（持雙鐧）跟尉遲恭（持鋼鞭），一位配弓不配箭，一位配箭不配弓。為了避免誤傷無辜，必須兩位將軍合議後，才能弓箭合一進行執法。

攝於二〇一六年

2. 卅年前拍的鎮瀾宮屋頂照片。我看到鎮瀾宮屋頂就很興奮，於是留下這張越夜越美麗的照片。產生星芒有兩種方式，一種是用星芒鏡，另一種縮光圈，縮到 F8 以下。

攝於一九九〇年

越夜越美麗的鎮瀾宮

1
2

1. **掛鞋是長途步行的好夥伴**

長途步行時穿著什麼鞋子是有趣的議題。畫面看到清一色穿著掛鞋的信徒，有著羅馬式的鞋帶綁法。遶境過程非常累，只要大轎停駕，路邊屋簷下任何能休息的地方，大夥能躺就躺，趕快恢復體力，才能迎接八天七夜這種極端的體力挑戰。

攝於一九九〇年

2. 我非常喜歡這張照片，媽祖是這家人三代信仰所在。信徒們不管家境好或不好，遶境期間隊伍經過家門口，都會竭盡所能，不管是對神或對人，奉茶、奉飯、奉點心，一種無私的奉獻，走在路上都能熱切地體會到這件事。當年我們還是學生，阿婆很熱情，把食物塞到我們的背包裡。這是早年走大甲媽祖遶境非常深刻的美好記憶。

攝於一九九〇年

三代共同守護信仰的所在

神明腳下好休息

這是神明出巡會有的陣頭，大甲媽祖遶境早年有很多陣頭，圖中拍攝的是彌勒團。這些大仙尪仔都很重，人休息時，如果有空間會把神像放椅寮上。人要休息，神明也要休息。睡在神明腳下，別有一番安靜滋味。
攝於一九九〇年

1
2

1. 鎮瀾宮自行車團，行至西螺大橋旁護堤小徑

鎮瀾宮有一個自行車團，卅年前看到這樣的畫面，清一色穿著襯衫打領帶，每個人穿的鞋子卻是各自表述。拍攝地點在西螺大橋前。在鄉間產業小路騎著孔明車（單車），很有時代感。

攝於一九九〇年

2. 自行車團行至西螺大橋，冒雨前進

到了二〇一六年採訪時，依然可以看到自行車團。

攝於二〇一六年

三人行，必有媽祖焉

三個不同角色的背面。最左邊是前導部隊的報馬仔，中間是廟方工作人員，穿土黃色標配衣服，背著背包，插著進香旗，右邊是參加遶境民眾。剛好有機會同框，不同角色在一個畫面出現。

攝於一九九〇年

2 | 1
3

1. 遶境進香的開路旗

主要開路旗，由四位輪替在前面開路。這是白沙屯媽祖進香沒有的，大甲媽祖遶境才看得到。跟古時候比較不同的是便帽，以前應該是戴斗笠。便帽和護主旗形成今古對照。

攝於一九九〇年

2. 現在開路車已經非常豪華，早年的開路車就是農用車，載著補給的餐食或用品。接著是開道警車，後面是神輿。三種不同的交通工具，不論前導部隊或民眾，當年這些形式看起來都很純樸。

攝於一九九〇年

3. 前面是輦傘，後方是轎班正經過戲臺，上演著謝神的布袋戲。

攝於一九九〇年

大甲媽祖遶境進香，農用開路車及警車開道

神轎通過演給媽祖看的布袋戲台

攝影經驗談

依現場狀況，快速決定

學攝影時，老師都會提到要做一些對比。左頁這張拍攝時，先發現宗教標語這個有趣的梗，可是單拍電線桿沒什麼意義。這個畫面是等出來的，要先準備好怎麼拍，慢慢等轎子過來，他們不可能為了讓你拍而重來。街頭拍攝的訓練就是要很快地決定畫面，選擇鏡頭或快門快慢……，一切都要快速決定。

2 | 1

1. 前行的繡旗隊，組成都是年長的阿桑，一個比一個資深。卅年前看到的繡旗隊標配就是戴著斗笠、穿著清治時期流傳至今的「號褂」。
攝於一九九〇年

2. 電線桿上方貼著「耶穌以外別無拯救」的宗教標語，下方則是「天上聖母擇於 X 月 X 日……」的遶境告示。電線桿上的文字來自不同宗教，加上通過的媽祖神轎，畫面形成有趣的對照。
攝於一九九〇年

遶境進香繡旗隊，清一色娘子軍

遶境進香路上，中外神明街頭「偶遇」

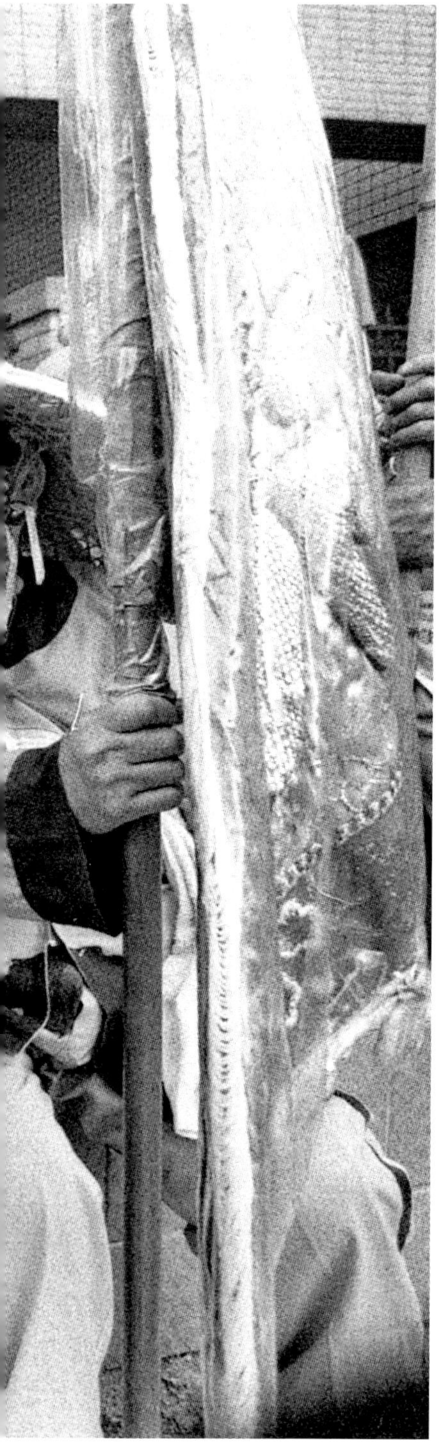

2 | 1

1. 大甲媽祖遶境進香，隨行人員在廟宇白虎邊休息

左青龍右白虎，轎班人員在廟口右邊白虎前休息。牆上虎的浮雕十分古樸。轎班人員身上穿著和浮雕顏色有所呼應。廟裡有很多工匠藝術，小時候的樂趣就是到廟去看「剪黏」。很多廟宇都有剪黏，長人後才知道，在台灣剪黏藝術有分北、中、南。蓋廟時，廟方有時會委託兩個師傅拼場，所以廟左半和右半的剪黏不一定對稱。剪黏主題有很多不同故事——三國演義、封神榜……，我對很多民間故事的瞭解，常是從廟裡的剪黏而來。

攝於一九九二年，台中大肚

2. 報馬仔休息時，旁邊是繡旗隊。他們都是遶境工作人員，隨興在路邊休息、聊天恢復體力。從他們的神情，看不出來疲累。這些上了年紀的阿伯、阿嬤，走起來神情奕奕。回頭想，能夠去進香都是一種幸福，如果生病了、體力不足以支撐，是無法完成這樣的遶境。這樣的活動，換個角度想，就是個排毒旅程，只是多了宗教的信仰。

攝於一九九九年，彰化茄苳

報馬仔與繡旗隊路邊休息。

2 1
3

1. 符令、香火過爐順時鐘繞三圈

在廟裡拿到符令或香火，習慣拿到香爐上方，以順時針方向繞三圈，正反兩面進行過爐，象徵神明加持過。曾聽過有個同學誤會其意，拿著符令，人繞著香爐走了三圈，鬧出笑話。

攝於二〇〇五年

2. 拍攝時序進入二〇〇五年，這時已經大量使用數位拍攝。報馬仔裝備也精緻化了，倒穿棉襖，還掛著豬腳。據說這豬腳掛八天七夜都不會爛，我看過他們不斷拿著米酒噴灑。報馬仔身上所有配備、做的所有動作都有其意義。報馬仔跟科舉制度有關，放榜後就有人騎著馬去通知上榜的人，主人要打賞。後來演化為在媽祖神駕到來前通知大家，「媽祖要來了！媽祖要來了！」

攝於二〇〇五年

3. 早年經驗，從下午開始，廟門前就陸續有陣頭前來共襄盛舉進行演出，非常熱鬧，虔誠的信眾跪滿廟埕所及之處。到了二〇一六年再度前往拍攝時，卻是一個陣頭都沒有了。本來還跟一起前來的同事預告熱鬧場面，等了又等，最後只看到一團寒單爺。我也不清楚其中原故，總之和以往很不一樣。

攝於二〇〇五年

報馬仔跟媽祖稟告起駕時辰即將到臨

遶境進香前，鎮瀾宮廟埕擠滿信眾

1
2

1. 大甲媽祖遶境進香，花蓮港天宮媽祖大仙尪仔齊聚逗熱鬧

來自花蓮港天宮的三尊大仙尪仔的媽祖，這是非常少見的。

攝於二〇〇五年

2. 大甲媽祖遶境進香，哨角隊通過西螺大橋

氣勢驚人的哨角隊通過西螺大橋。這橋說長不長、說短也不短。有興趣的人可以親自去走走看，我是揹著 Canon1Ds＋大三元跑完全橋。

攝於二〇〇五年

大甲鎮瀾宮哨角隊齊鳴，準備起駕

鎮瀾宮非常有名的哨角隊，氣勢震天！起駕時一起朝天吹響號角，畫面上僅拍到一半人馬。

攝於二〇〇五年

長知識 信徒進香旗，見證參與歷史

鎮瀾宮信徒拿的進香旗只有一種，是拿在手裡的，資深參與者會看到旗上綁很多符令。拱天宮信徒很少有人拿在手裡，對於進香旗有不太一樣的思維。拱天宮分為車旗和進香旗，進香旗必須要去求，允筊才能請，每年都要帶去北港朝天宮進香。不像大甲鎮瀾宮信徒，人手一旗，只要去買了過完爐，就可以拿在手上。

前省長宋楚瑜參加那一年的媽祖遶境起駕儀式。
攝於二〇〇五年

起駕時刻到臨，現場萬頭鑽動，外國朋友也來湊熱鬧

長知識 三種稜轎腳（鑽轎底）方式

一、民眾跪著不動，必須把帽子摘掉，轎子從上方過。

二、轎子不動，先拿長板凳放上壓轎金，神轎架高放上，民眾從下方爬過去。

三、我看過最有趣的是，白沙屯媽祖神轎面對小朋友時，會舉高神轎，讓小朋友宛如旋轉壽司般地從轎底通過。

2｜1

1. 什麼叫做萬頭鑽動，鎮瀾宮媽祖在起駕的那一剎那就是了。現場沸騰的氣氛，信徒人手一支進香旗，準備跟著出發。
攝於二〇〇五年

2. 遶境過程有個特別的習俗——稜轎腳。顧名思義，轎子會從民眾跪拜的上方經過。神的轎子通常是不能觸摸的。民眾相信，遇上不好的、不乾淨的東西，神明從上方經過，會幫忙把這些趕走，解除厄運、帶來好運。
攝於二〇〇五年

2 | 1
3

1. 「先顧腹肚，才顧佛祖」，吃飽才有力氣繼續往前走

照片後方是流動浴室，車廂外畫著媽祖神像。人這麼多，休息時上萬人要上廁所、洗澡，就有流動浴室跟著走。沿途看到信徒停下來吃東西，補充體力，填飽肚子才有力氣幫神明做事。

攝於二〇〇五年

2. 較早年拍到的，信徒拿著進香旗順著繞三圈，進行過爐儀式。

攝於二〇〇五年

3. 這張和上圖是同一個地點，一個從外拍進去，一個從裡面拍出去。過了十一年的演化，爐也變得比較繁複，人也變多了。上下兩張剛好可以做一個對比。

攝於二〇一六年

大甲媽祖遶境進香，
用慢速快門營造進香旗跟香爐的流動感

白沙屯媽祖起駕

白沙屯是苗栗通霄台一省道上的閩南人聚落，居民部分務農，種水稻、西瓜、地瓜、花生等，還有很漂亮、迷你的白沙屯漁港，也有部分民眾以漁業為生。農曆三月廿三日是媽祖生日，因此台灣每年都有「三月瘋媽祖」的風俗。二〇〇六年我開始記錄白沙屯媽祖，比記錄大甲媽晚了十多年。早年資料很少，網路沒那麼普遍，能找到的書面資料有限，白沙屯媽祖甚至曾被民俗學者歸類為神祕教派，讓我很好奇，想去探討為何被如此歸類。

有別於一般廟會路關表（見第三十二頁「小辭典」）非常清楚，每年農曆十二月十五日由爐主擲筊擇日，只決定三個日期——一起駕，二進火，三回宮。中途經過哪裡，不知道；何時駐駕，沒有人知道；駐駕何處，還是沒有人知道。早年沒有GPS（衛星定位系統），網路也不普及，因此被歸類神祕教派也不是沒有原因，因為沒有人知道下一站在哪？要往哪裡去？可能駐駕民宅、學校，也可能駐駕消防隊、汽車展示中心，還曾經駐駕超級市場，最大特色就是「無法預測」。去年走過的地點，今年神轎也不一定會再經過。

根據多位白沙屯耆老所言，最早參與進香的人數不過二十多人，到二〇二一年登記為「香燈腳」人數為七萬八千四百零一人。在耆老眼中，已近兩百年歷史的白沙屯媽祖進香，就是單純到北港朝天宮進火。進火儀式時，師父會將書寫「香燈腳」們姓名的疏

1. 拱天宮筊筶（跋杯）擇日，固定於農曆十二月十五日午後一點進行。跋杯（擲筊）擇日，先決定進香月份，再決定「起駕、進火、回宮」三個日期，依這三個日期決定放頭旗、登轎、開爐時辰；每一個儀式項目均以媽祖賜予三聖筊為準。

2. 白沙屯媽祖起駕前，先進行出龕登轎儀式
攝於二〇一八年

白沙屯拱天宮 天上聖母往北港進香謹擇農曆
正月廿四日丑時起駕
正月廿六日子時進火
二月一日未時回宮

文，引朝天宮內高懸的長明燈火，將疏文焚燒於大殿中的「萬年香火」爐中，並杓取三杓到拱天宮帶去的火缸中，第一杓口呼「風調雨順」，第二杓為「國泰民安」，最後一杓喊出「進火大吉大利」，然後將火缸放入香擔中挑回白沙屯拱天宮，讓香火永遠綿延下去。

不論王爺遶境、媽祖出巡或其他進香，常見龐大陣容。有別於此，白沙屯媽祖進香隊伍純樸簡單，頭旗在徒步進香隊伍最前面，後面是四人轎班扛輕便藤轎。起駕或回鑾所看到的宮廟神轎與陣頭，只是來送行逗鬧熱或接駕，並不會參與進香行程。也因為編制非常精簡，白沙屯媽祖進香隊伍宛如快速部隊，加上轎頂可收合的粉紅色雨遮，也

小辭典　香燈腳

自清代起，跟著白沙屯媽祖一起進香的信徒稱呼。

有人暱稱白沙屯媽祖神轎是「粉紅超跑」！

頭旗行進有個嚴格規矩，「勇往直前，有進無退！」萬一在頭旗後方的媽祖已經駐駕過夜，或走其他岔路，頭旗需迂迴繞道去趕上媽祖神轎會合，有時往往需花上一、兩個小時。

神轎左右各有一束鮮花，行進時會有信徒獻花或換花，目的是為求子或答謝神恩或純粹禮敬媽祖祈福。

二〇〇六年金枝演社的「祭特洛伊」暗喻台灣與中國的關係，我當時擔任劇團影像記錄。導演王榮裕出身雲門、優劇場，他和許多劇場人士，都以參與白沙屯媽祖進香為修練場，也開啟了我和白沙屯媽祖的淵源。

王榮裕建議：「如果要體會台灣最原始的媽祖信仰，你應該去走一趟白沙屯。」因為許願，他要擔任白沙屯媽祖進香三年的頭旗手。聽完我覺得有趣，耳聞已久沒機會接觸，我想去看看為什麼劇場人士如此推崇、中間有何特別迷人或神祕之處？為滿足好奇心，於是自己排假前往拍攝記錄。

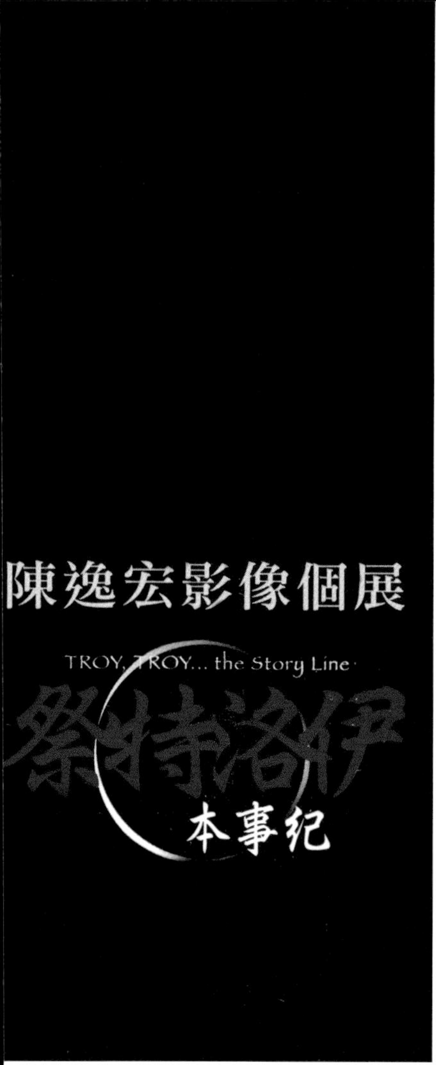

1
3 | 2

1. 金枝演社環境劇場作品：【祭特洛伊．Troy ! Troy ! Taiwan ! 】
攝於二〇〇六年

2. 金枝演社導演王榮裕，劇場界人稱「二哥」。
攝於二〇〇六年

3. 還願擔任頭旗手三年的王榮裕，在進香路上執頭旗前行。
攝於二〇〇六年

時間與空間的交織

是即生即滅的劇場幻象

快門瞬間

則是時空軌跡裡

永恆的魔術師

起駕前，前來助陣的三太子大仙尪仔在拱天宮廟前演繹如何脫離地心引力

媽祖起駕前，附近宮廟會來拱天宮廟前準備送行，為起駕暖身逗熱鬧。
攝於二〇〇七年

長知識 信徒無法跟，媽祖溫暖探班

二〇二〇年曾有一位賣汽車的女生，因為上班無法參與進香，起駕前來跪拜，跟媽祖聊了半個多小時。沒想到過幾天，媽祖鑾轎直接衝進她上班的汽車展示中心，停駕三小時。她去祈禱卅分鐘，媽祖給她三小時，陪她上班。媽祖就像個親切的鄰家媽媽或婆婆，充滿人性溫暖，讓人被正能量包圍，這不是常有的體驗。

在我拍過上百場廟會過程，每回參與白沙屯媽祖進香時，都會有不同方式讓我體驗、給我回應。為何信眾如此多，這是如人飲水，讀者可以自己去體驗。

祝禱中的信眾

媽祖登轎後，很多民眾還是可以來燒香、來跟媽祖聊天、祈福。
攝於二〇〇七年

參拜的進香信徒們，會將個人隨攜的進香旗、香火或神明相片，進行過爐

信徒堅信，把隨身物品在大爐上過火，是一個除穢、加持儀式，消災解厄添福氣。

攝於二〇一八年

2 | 1
3

1. 出龕後靜待登轎的媽祖法相

平常在神龕內，隔著玻璃拍攝很不容易。每年這個時候，登轎前會讓信徒近距離看到媽祖法相，這時可以拍照、祝禱，仰望一陣子。

攝於二〇一八年

2. 二〇一六年時神像尚未剃面，起駕前從神龕請出來等待登轎的媽祖神像。

攝於二〇一六年

3. 登轎前的上疏儀式，上告天庭，昭告天下。

攝於二〇一八年

出龕後靜待登轎的媽祖法相

由拱天宮主委洪文華進行登轎前的上疏儀式

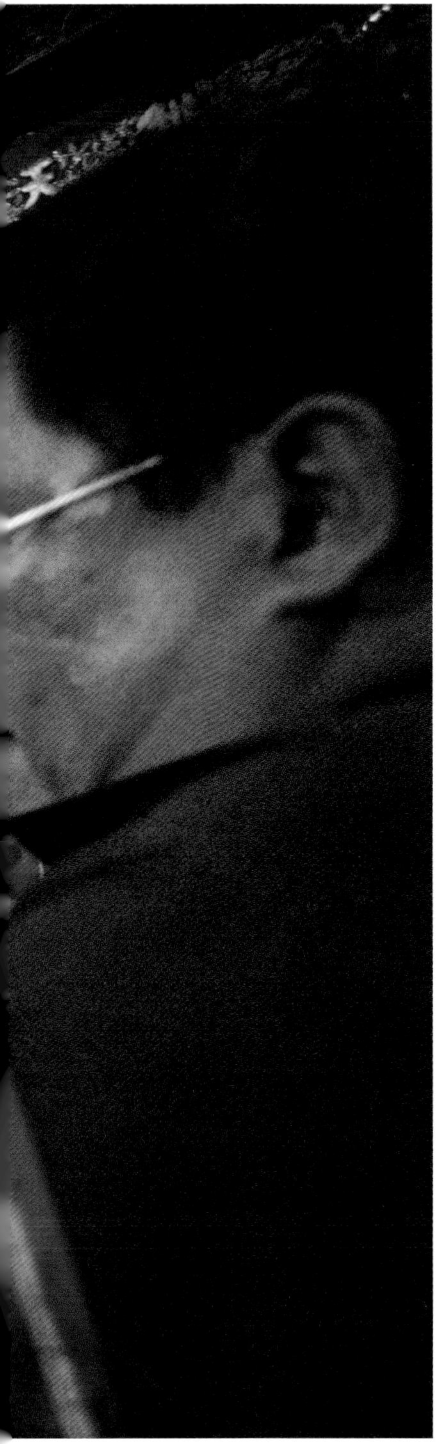

1
2

1. 恭請媽祖登轎

用傳接方式，把媽祖迎到進香的轎內。

攝於二〇一六年

2. 同轎同行進香的，還有閨蜜山邊媽祖

進香轎子內有兩尊媽祖，大媽坐後面只露出雪白的水袖，前面是山邊媽。這位就是同行的山邊媽。

攝於二〇一六年

恭請媽祖登轎

上疏儀式後，由主委、爐主一起把媽祖聖像過爐之後，請到進香的大轎。
攝於二〇〇七年

吉時一到，媽祖神轎衝出拱天宮

起駕吉時前三到五分鐘，慣例由值年爐主執掌頭旗，率先踏出進香第一步。

攝於二〇〇七年

長知識　輕便藤轎，方便快速移動

長途步行三百多公里，白沙屯媽祖進香轎身是輕便的竹子骨架配合藤編製，只要轎班四人扛，不像其地廟會神轎多為木頭打造，要八人扛。神轎旁有鑼手，四人轎班採三班制。每當白沙屯媽祖神轎要停下時，會自發性地上下或前後擺動。我無法解釋為何轎子自己會動，這要現場看才會相信。

長知識　大道公風，媽祖婆雨

十次有九次下雨，參與進香必備雨衣。不建議帶雨傘，因為人群密集，在移動隊伍中拿著傘很容易發生危險。民間傳說媽祖和大道公（保生大帝）本有婚約，出嫁過程見路邊母羊分娩很痛苦，臨陣逃婚。這讓大道公很生氣，每年媽祖生日就下大雨。媽祖不甘示弱，每年大道公生日就會颳風。民間因此流傳「大道公風，媽祖婆雨」的俗諺。

粉紅超跑的名稱，源自轎頂的粉紅色雨遮，還有無可預測的前進方向及速度。

2 | 1

1. 媽祖起駕這天，根據經驗下雨機率很高，遇下雨粉紅色雨遮就會放下來，天晴再把雨遮捲起。白沙屯在地居民認為，雨水充足，讓隨行徒步進香村民無後顧之憂，不必擔心作物乾旱。
攝於二〇一九年

2. 晚上十一點起駕，人山人海，起駕現場的人不一定都會參與徒步進香全程，有些人是來送媽祖起駕，沿路有更多人加入。
攝於二〇一九年

起駕時摩肩接踵的信眾們，
現場完全是水泄不通

2|1

1. **縱使是半夜起駕，仍有冒雨跪拜等候鑾轎到臨的信眾**
信仰不分晝夜也不分時空。這是晚上起駕，還下著雨，省道上群眾在雨中跪拜迎接媽祖。如果不是現場目睹，很難想像如此令人動容的情景。
攝於二〇一六年

2. 這條路平常遊客不多，這時擠滿恭送人潮。整個鎮在這天像是不夜城。進香常在晚上移動，信徒戴的橘色帽子很好辨認。沿途很多人發結緣品，吃的、喝的，也有人發小閃燈，綁在背後，半夜起駕移動時，可提高夜行安全。
攝於二〇一九年

萬頭鑽動、萬人空巷的起駕隨香人潮

聽音辨位的進香修練

進香人群眾多，走在馬路上時，經常佔滿兩線道。人多到必須有交通組在外圍維持，不讓人群滿出線外。隨行的人龍經常長達數公里，在看不見神轎的情況下，後人都是一路跟隨著前人的腳步前進。走在轎子正後方最難跟，每個人速度不一樣，有的快、有的慢；人很多，有人橫著切，切進來或切出去。最容易走的是轎子正前方，雖然走正前方看不到轎子，可能走一走轉頭轎子不見了，因為祂可能衝到對面，也可能另一頭有狀況，啪地又衝過去。這種事發生過太多次。所以走在轎子正前方，要依賴鑼聲判別狀況。

我請教過曾擔任鑼手的劇場工作者吳文翠，她說，要學會聽鑼聲，從鑼聲的急、緩速度，可以判別轎子狀況。不過現場各種聲音吵雜，如何聽得清楚，這就是修練。

為什麼常見劇場人參與進香當成修練？這不像劇場排練可以重來，排練幾百次就為了正式演出瞬間，那瞬間不容許出錯。劇場演員和電影、電視演員最大的不同，就是對臨場反應的訓練更迫切。跟著進香隊伍走，有太多無法預測的狀況。今年走、明年走、後年走，同樣的起駕、進火或回鑾，同樣的過程，但其中遇到的狀態完全不同。這也是劇場人員常來體驗的重要原因。

民宅裡的起駕時分

有一次因為工作，送媽祖起駕完就要回台北，起駕前在拱天宮附近逛，剛好看到民宅裡的場景，讓我深受感動。當時腦海中閃過一個念頭：我想記錄起駕前的民宅。回頭思考進香儀式的原始根源，就是白沙屯這個鄉村小老百姓的信仰。

白沙屯民宅都會有媽祖聖像，不論海報或月曆。第二〇一頁照片中的伯伯，可能因行動不便或其他原因而無法跟著進香，但是

起駕隨行的人潮絡繹不絕。

攝於二〇〇六年

他的信仰不會因此而減弱。平常如果敲門民宅要進去拍，一定會被拒絕；起駕期間，所有白沙屯村民都在為活動進行準備，有的送駕，有的要跟著走，這時門戶大開。

我想記錄村落民宅這段期間的文化生痕。我選擇的拍攝條件：一、在地居民的住所；二、裡面有媽祖的視覺元素。

平常在家會穿得舒適、輕鬆，但這時刻拍到的很多人則是戴著橘色帽子、穿好衣服、背著背包，準備好要跟著進香。流動氛圍是動態的，一反平日家居時的休閒狀態，而是充滿動能。

對攝影者來說，記錄廟會剛開始可能會先搜奇獵豔，拍攝特別的場景和畫面。二〇〇六年開始記錄，十年後，回頭思考，進香跟村民的關係遠大於跟外來客的關係，所有祈福最終會回到白沙屯這個小村落。我希望記錄下在背後默默支持這活動的完整力量。這些民眾可能出錢、出力，家裡壯丁也跟著去進香，留下家中老人，我想記錄他們

在起駕前的活動型態。

目前我已經拍了五年，後來被「鯤鯓顯影台南國際攝影節」總策展人黃建亮老師看到並邀約，希望在二〇二四年台南國際攝影節完整展示。我通常是利用起駕前二到三小時，穿梭在白沙屯白東、白西二里的民宅進行記錄。有的人家我每年都會去拍，他們還會問：「啊你今年卡晚來！」我計畫持續拍下去，到二〇二四年會有近十年的記錄。

這系列作品的最大用意：一、有別於進香的熱鬧喧嘩，在相對靜態寧靜的民宅空間，找尋媽祖信仰的力量；二、透過場景組合，建構這一區居民生活型態，這是信仰的起點。整個主題作品都有媽祖影像貫穿。

有位劇場前輩王墨林老師對「起駕時分」系列作品下了一個註解：「在日常的民宅空間，流竄著不尋常的穿越脈動，營造出一種擬劇場的氛圍。」

二〇一六年開始「起駕時分」主題的系列記錄，這是第一張作品。

攝於二〇一六年

【起駕時分】系列作品之一

白沙屯媽祖進香路上

進香路上會遇到各種狀況，很多年才會發生一次的「潦溪」是最特別的。

根據白沙屯耆老回憶，一九七〇年開始一路跟的王城（拱天宮管委會常委，帶領文化組）描述，他從退伍到現在參與近半世紀，遇過三次潦溪經驗。

「潦溪」是什麼？神轎行進到西螺大橋，下面是濁水溪，頭旗已經在橋上，神轎到橋頭突然轉向往溪床移動。砂質的河床是不牢固的，有可能下陷或踩進爛泥，濁水溪的溪水是看不見水面下的狀態。

左頁這張照片的潦溪發生在二〇〇一年，相隔已經廿年，這不是第一次，王城說他遇過三次。當時往河床走下去，從沙地下河，有明顯高低落差，後面的人脫了鞋跟著下河，更多人幫忙護著神轎潦過濁水溪。二〇〇一年剛巧有隨行拍攝節目的攝影師，有錄影也有平面攝影，潦溪過程因而被完整記錄。

面對未知狀況，要不要相信自己的信仰？中間有太多心理層次的議題值得探討，如果問一百個跟著潦溪的信徒，每個人可能會有不同歷程，但最後共同的信念只有一個：「跟著媽祖走」！

如果要對你的信仰堅定，中間要不斷地質疑。難道這些人下去之前不會有任何質疑嗎？他們義無反顧，就覺得「一定會沒事的。」這和前面王爺信仰單元提到的民眾「過火」（見第五十八頁圖說）一樣。水火無情可能會摧毀人類脆弱的生命，為什麼過

走白沙屯之前，我完全不知道這段歷史。二〇〇七年進香那次，快到北港朝天宮附近的振興老戲院時，我第一次看到潦溪記錄影片，當下眼淚不自覺地一直流下，後來每次再看還是非常感動。

二〇〇一年歷史畫面，駱筠萍攝影／提供

火時，這些人可以放心地把自己的身體交給王爺？為什麼潦溪時，可以把生命交給媽祖？這時的精神力大於生理反應，當精神力被放大，就會變得堅毅不摧。或許有人會認為，這是集體催眠，就看你怎麼解釋。

攝影經驗談

結緣拱天宮，文化組當志工

二〇一五年走二媽遊庄時，一位貌似某政治天王的中年人，笑瞇瞇地送我一塊他媽媽做的、平凡無奇的九層粿。全白的粿沒有肉末，當時不以為意放進包包。等拍攝結束上車再吃時，沒想到一口咬下，好吃到令人感動，眼淚都要流下來了。後來跟對方聯絡，請洪媽媽教我們做九層粿。

這位大哥是拱天宮文化組執行長洪建華。後來因緣際會，洪大哥說他觀察我一陣子了，看過我部落格有關廟會拍攝的文章及照片，於是邀我加入文化組擔任攝影志工。志工身分能在民眾無法進入的管制區拍攝，是非常難得的機會，我便欣然答應。

每看必哭的潦溪影像

攝影經驗談

大光圈鏡頭，遠而近透視

採用廿四釐米大光圈鏡頭，由遠到近的透視感，焦點集中在畫面中的神轎。左圖的畫面是等出來的，工廠很大，進去開始觀察，決定了這角度是我要的。等到神轎通過，啟動高速連拍。上方屋頂的金屬支架和下方桶子顏色呼應，中間的神轎隊伍，剛好有黃、紅、粉紅等暖色系，在冷色系金屬感對照下，更凸顯神轎進入工廠巡視消災賜福的溫暖力量。這組白沙屯媽祖進香系列也曾在新聞攝影大賽中拿到銀獎。

2 | 1

1. **進香途中，停駕民宅廠房**

   神轎駐駕休息離開時，工廠主人跪地祈求。深入民宅是白沙屯媽祖最特別的地方，神轎曾進去超市及醫院內停駕，讓病患及家屬敬拜媽祖，給予信心與力量，也曾上醫院三樓病房巡視。

   攝於二〇一六年

2. 媽祖神轎駐駕清水笠毅工業，一個民間的淨水設備工廠，裡面全是金屬隔膜式壓力桶，凌晨三點起駕，神轎先在工廠內巡禮。當時只有拱天宮文化組志工可以跟隨著拍照、錄影，我才有機會拍下這個畫面。

   攝於二〇一六年

深入民間巡視淨水工廠的鑾轎

長知識　媽祖最愛小朋友

媽祖雖然天下無敵，但大家會笑說，祂的罩門就是小孩，遇到小朋友就沒法控制。只要小孩大喊「媽祖婆我愛你！」神轎就會失控衝過去，也曾有越過安全島衝進對面學校裡的事蹟。

攝影經驗談

自己感動才拍，沒感覺不拍

攝影教育常討論一個倫理議題，認為「老、弱、病、殘」對攝影人來說，宛如「攝影春藥」。因為這類題材最容易吸引目光、引起觀看者感動，因而讓某些攝影人樂此不疲，只鎖定這些畫面拍攝。這件事是可議的。

我在新聞攝影教學時告訴學生，如果你會感動就拍，如果自己沒有感覺就不要拍，我不會用道德去束縛你。有些新聞攝影老師則會嚴格要求，就是不准拍這些題材。

1
2

1. 媽祖進香過程中，民眾最期待的有二：一是「換花」（見第二七〇頁），二是「稜轎腳」。稜轎腳有好幾種方式（見第一七七頁「長知識」），傳統方式民眾跪著不動，神轎抬高通過民眾。白沙屯媽祖的稜轎腳最大特色是，神轎是斜著通過，因為四人神轎轎身較小。
   這張是老師帶一群小朋友在路邊，大喊「媽祖婆我愛你！」本來要移動的神轎停下來，小朋友站著排隊走過來，神轎抬高不動，小朋友跪地爬過去。這是我看過最有趣的一次稜轎腳。我們開玩笑說，小朋友好像一丸一丸的旋轉壽司。
   攝於二〇一六年

2. 進香路上常見久病不癒或肢體不便的民眾來稜轎腳，這樣的畫面非常多。
   攝於二〇一八年

縮成一丸一丸稜轎腳的囝仔，是媽祖婆的最愛

進香過程坐輪椅的病友「稜轎腳」

3	1
4	2

1. ## 彰化王功福海宮起駕

   神轎起駕時間不固定，這次駐駕彰化王功的福海宮，早上六點起駕。「螺港尋源」牌匾是一九九一年莆田賢良港天后祖廟所贈。螺港是黃螺港，又名賢良港，是媽祖的出生地。

   攝於二〇一六年

2. ## 粉紅超跑飄忽不定，快速道路橋墩下也曾停駕

   拍這張照片時，我的腳是跛的，已經趕路趕到走不動。神轎到一家工廠巡視出來，在快速道路高架橋下原本要離去，突然又衝回來，在這地方駐駕。沿途很多民眾都過來，這時候轎班趁機趕快整理神轎的粉紅雨衣。

   攝於二〇一六年

3. 轎班、鑼手（右二）跟隨在神轎左右。鑼手固定由女生擔任。

   攝於二〇〇八年

4. ## 北辰派出所是每年進廟前必停駕之最後一站

   進北港朝天宮必經之地，整條街上滿滿的人潮，包括北港的在地信徒。轎子會三進三退，在這裡稍做休息，接著就是準備入廟。

   攝於二〇一六年

轎班爲三班制，每隔一小時輪替

進北港朝天宮前，
途經溝皂里，炮仗震天

雖然路線不固定，但若沿台十九線，就會經過溝皂里。通常進香時節正好是插秧後，稻田綠油油。進溝皂里沿路，會有熱烈炮陣迎接。如果沒有旁邊腹地，很難拍到這樣的場景。我大約五、六點就在田裡等，才拍到這炮火連天的畫面。

攝於二〇一八年

2 | 1

1. 頭旗抵北港朝天宮入廟

一大早整個廟埕擠滿了人群，喊著「進啊！進啊！」頭旗衝廟，所有的拉炮、彩帶齊發。頭旗後面就是媽祖神轎，跟著衝進去。接著準備拜天公。

攝於二〇一八年

2. 當時我站在廟門口，本來想拍完離開卻動彈不得，被人群挾著進廟，他們馬上把廟門關起來，後來門拴被衝開，門差點被推倒。裡面的人很迅速，立刻疊羅漢衝上去把門栓推回去。直到媽祖進廟裡駐駕才開門。很多帶進香旗、自家神像的信徒要進來。現場非常擁擠、熱鬧，當時在不能動彈的情況下拍下這個畫面。

攝於二〇〇八年

民眾自帶神像及進香旗來朝聖

白沙屯媽祖回鑾

進香回到苗栗通霄白沙屯的前一夜，先進駐慈后宮，隔天一早出發到秋茂園換轎。去程時兩位神明共乘藤轎，換轎後，白沙屯媽換乘八人扛大轎，山邊媽乘四人扛大轎，返回各自宮廟。進香與迎接隊伍陣頭會先在火車站休息午餐。沿途八百公尺民眾夾道歡迎，擺上各種點心慰勞辛苦的隨行信徒。在媽祖事先指示的時間準時入廟安座，再把紅布幔放下來，香火擔靜待十二天後開爐。這是回鑾的大致流程。

進香過程所有駐駕地點都還未知，只有慈后宮例外。駐駕隔天早上五、六點多就開始熱鬧非凡，在地民眾聚集到慈后宮，熱烈恭迎媽祖鑾轎回宮，現場非常歡樂。
依慣例，最大規模的稜轎腳人群就在這裡，長長人龍綿延三至五公里，在第一時間把進香迎回的福氣帶給白沙屯在地信徒，民眾扶老攜幼前來跪拜，希望得到媽祖的祝福。這是回鑾第一個高潮點，二〇二〇年因疫情取消稜轎腳。
攝於二〇一八年

回宮當日，一早從通霄慈后宮出發

攝影經驗談

別讓科技毀了人性

二〇〇七年不像現在這麼多人，近距離拍攝較容易，現在則是擠滿了人。當年也還沒有自拍棒這類產物，過去攝影常用的廣角鏡是貼著攝影者臉部，不會妨礙到別人拍攝，現在很多人卻只想著自己要捕捉畫面，人站後面，長長的自拍棒往前一伸，壞了其他人的畫面。常聽到「科技始終來自人性」，從這角度看，卻是「科技一直在毀滅人性」。以前大家都可以拍得到，現在桿子一伸，畫面就毀了。這是值得現代拍攝者注意的倫理議題。

攝於二〇〇七年

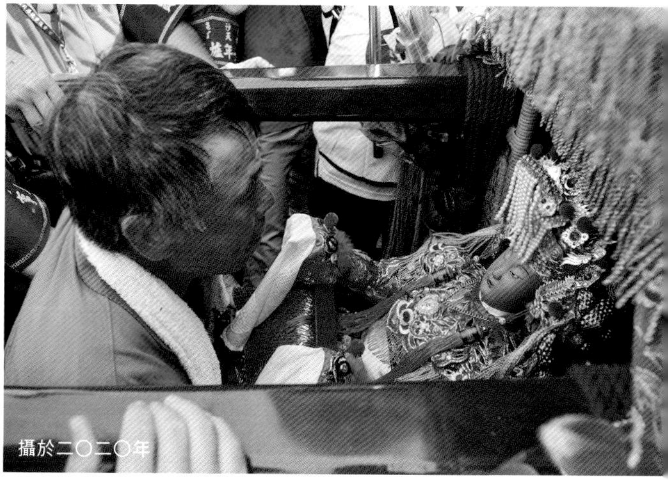

攝於二〇二〇年

一早就從廟裡出發到此等候，進香鑾轎到之後，從藤轎內依序先請出坐在轎前的山邊媽，再請出坐在轎後方的大媽。一旁有人為神明舉著涼傘，有人捧著神像，讓媽祖進到八抬大轎。

媽祖在秋茂園換轎

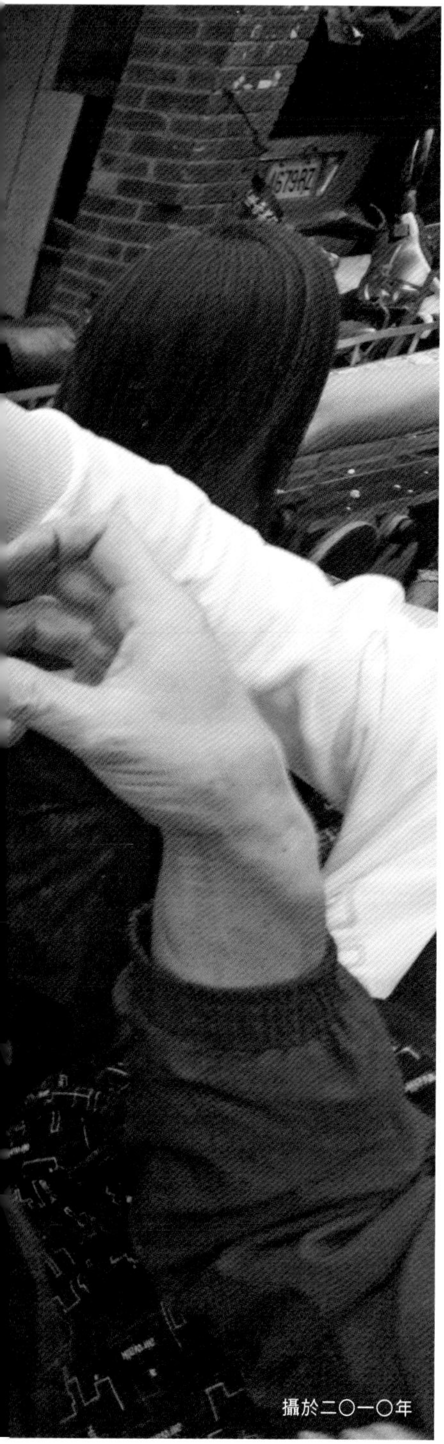
攝於二〇一〇年

長知識 新手先參與回鑾

「起駕」對新手來說不合適，太多人了，時間又是晚上，平常作息正常的人，跟到天亮可能會體力不支。進香路上，一起駕就是一個鑼、一頂轎和頭旗，速度非常快，沿途一直跟一直跟，到定點也可能五、六小時才休息。如果從進香一開始就跟，前面很high，走到後面會非常累，參與者要審慎評估體力。而「回鑾」時有陣頭表演，有戲看，可以看熱鬧或定點補給，宛如白沙屯小型嘉年華，是新手容易親近的活動。

攝於二〇一一年

回鑾神轎到火車站附近會稍作休息，大約是中午時間，熱情民眾夾道設置點心擔，擺滿各種食物、飲料。昔日只是點心小食，後來民眾則是越來越熱情，食物越來越豐盛。近年提倡環保觀念，開始提供非一次性的碗筷，食用完交回，由義務洗碗筷的志工進行清洗。

回鑾前，白沙屯車站前八百公尺長的車頭路，兩旁擺滿了各式各樣的點心跟食物

長知識 萬年香火傳承不熄

從北港朝天宮迎回的香火，沿途不熄地帶回拱天宮。為維持不熄，裝置火缸放的燃料是茶渣餅和檀香粉。

1. 回鑾時香擔進入正殿媽祖神房內，進去後紅布幔放下來，開爐時才打開，再把火缸裡的香火分到拱天宮各個主爐。整個進香過程中最重要的目的是進火，就是要把萬年香火從北港朝天宮請回來。
攝於二〇二〇年

2. **白沙屯家家戶戶擺出香案，迎接媽祖回鑾**
經過白沙屯民宅可以看到民家把家裡的神像請出來，在門口擺香案迎接媽祖。
攝於二〇一一年

3. **當媽祖進入殿內神龕後，紅布幔隨即放下，等待十二天後開爐**
回鑾後，將媽祖神像迎回正殿神房內的神龕。這時也是非常熱鬧，萬頭鑽動。每年只有起駕登轎前到回鑾，這八天七夜可以很清楚看到媽祖的法相。其他日子，神像在龕裡，即使用長鏡頭拍攝，但隔著玻璃仍然不是很清楚。
攝於二〇二〇年

迎接最重要的香擔入廟

白沙屯二媽遊庄

對許多參與過白沙屯媽祖進香活動的民眾來說，在大媽進香回宮後第二天進行的「二媽遊庄」，或許是一個只聽說過、不熟悉，或是沒有走過的旅程。

一大早黑面二媽和山邊媽各乘坐自己鑾轎，進行遶境。在地人稱為「遊庄」，通常也被稱為「二媽遊庄」。二媽遊庄主要範圍是白沙屯，分成三大區域：本庄（白東、白西、南邊厝）、南庄（內島、洪厝、新埔里的過山、陳厝）、北庄（過港、山邊、南坑、北坑）。

人與自然的關係，相對渺小而微妙。敬天地、存敬意而遊之，是二媽遊庄的真諦，全程約十六公里。這是從制高點往下拍，拍到鄉間小路，布滿了二媽遊庄神轎和信徒。人跟大自然環境的關係，相對變得微小。當地耆老看到這張照片說，這才是他們心目中二媽遊庄的真正意義。遊庄行列會走到很荒僻、人煙少至的地方，但那邊住了隱藏山野的居民，他們同樣需要被眷顧，這才是在地人真正感受得到進香回來後的重要活動。

攝於二〇一八年

敬天地、存敬意而遊之，是二媽遊庄的眞諦

二〇〇六年當我聽到這個行程，覺得特別有趣。第一次參與時遲到了十五分鐘，沒想到起駕非常準時，我到的時候轎子已經不見了，就一路追到白沙屯火車站。開始沒什麼概念，以為通霄靠海，海邊走走應該輕鬆。背著重重的攝影器材徒步走，從平地走著走著，突然越過省道，開始爬坡，心裡吶喊著：「不是在海邊嗎？怎麼往山上走。」這開啟了我完全無法想像的視覺之窗，太特別了！

想起以前一首黃大城唱的民歌《今山古道》，在白沙屯地界讓我看到這首歌的真實版，真的是走在古道上，走的很多地點從來都不曾進去，也不會特地開車去。對我來說，它是一天可以完成的遶境，雖然非常累。它跟後文會提到的九份迎媽祖（第二七六頁）有異曲同工之妙，都是早上七點開始，到下午三點左右結束，活動範圍非常廣，幾乎把白沙屯和山邊的山林全都走遍。

攝於二〇二一年

二〇〇七年第一次看到女性擔任扛轎者（左圖），雖然後來官將首也有女性擔任，但是在十多年前較為少見。事隔多年，林怡蕙本人出現在二〇二一年於文化總會舉辦的「百年香隨．白沙屯媽祖進香文化展」現場，穿戴著與當年一模一樣的服裝跟背包，與媽祖聖像合影（右圖），攝影的時間軸在此看出效應。

攝於二〇〇七年

長知識 二媽遊庄在地盛事

八天七夜進香回來大家都累了，二媽遊庄參與的人不多。我從二〇〇六年拍到二〇二〇年，十多年間增加的參與人數，不若進香人數的遽增，雖未限制外地人參加，實際參與者幾乎都是本地人。前往北港進香時，在地宮廟、陣頭並未隨行，但是全都參與了二媽遊庄。現場熱鬧，跟隨信眾人數沒那麼龐大，反而顯得原汁原味。

後來跟拱天宮文化組討論，我認為二媽遊庄才是屬於在地人的盛大活動，特別值得被記錄。有時進香無法全程參與，我會選擇從接駕回宮開始，第二天繼續拍攝二媽遊庄行程，至少拍了七、八年。

女性扛鑾轎，在白沙屯是件非常自然而美好的風景。

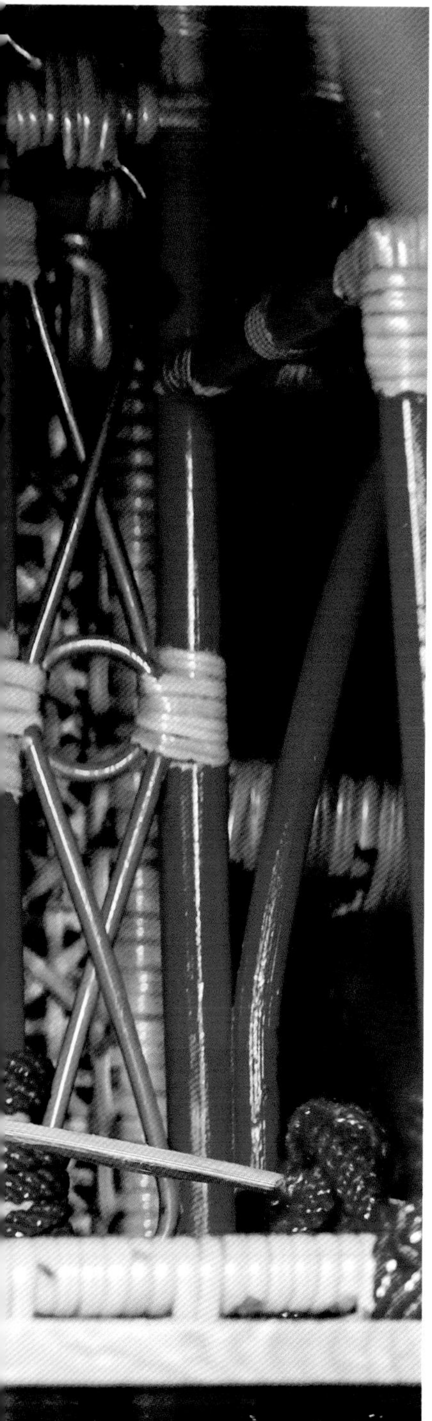

1
2

1. 恭請黑面二媽出神龕，準備登轎遊庄

我習慣前一晚住香客大樓，一早六點到正殿等候。晨鐘響完，千順將軍（千里眼和順風耳）會到正殿的鑾轎邊護駕，由擲筊決定值年爐主或廟方人員恭請媽祖出神龕、登轎。

攝於二〇〇八年

2. 頭旗永遠是前行的動力先鋒

頭旗如同軍旗，在遊庄過程擔任先鋒角色。上面是方天畫戟，可以指揮千軍萬馬，在前面開路。

攝於二〇一八年

二媽登轎，轎內以竹、藤、木等輕材料編織，成了絕佳的避震系統

這張照片可以清楚看到黑面二媽神像的尺寸，相對於大媽軟身神像的尺寸，顯得迷你。鑾轎為輕便材質的竹、藤、木編成的避震系統。

攝於二〇一九年

2 | 1

1. 報馬仔在前，一路敲鑼告知民眾， 二媽鑾轎將至
報馬仔也是遊庄時重要角色。走在神轎前，沿途敲鑼提醒大家，「媽祖來了！媽祖來了！」
攝於二〇〇八年

2. 鑾轎出廟，準備開始遊庄遶境。放鞭炮以示起駕的隆重。
攝於二〇一七年

起駕時，燃炮以示隆重，揭開遊庄的序幕

陪同遊庄的也有山邊媽祖的鑾轎及頭旗

山邊媽祖搭乘鑾轎出動，陪同一起遊庄。
攝於二〇一七年

長知識 不管多偏僻，媽祖深入民間

深居鄉野的老婆婆，每年為了媽祖神轎經過家門口的短短幾秒鐘，準備了貢品，用自己最隆重的裝扮迎接媽祖的到來。平常她們要從自家走到廟裡，不一定很方便，因此對於一年一次的二媽遊庄非常看重。媽祖神轎深入民間，看顧著這些人，探知民間疾苦，與民同在，而非高高在上。在白沙屯二媽遊庄時，我看到了這種精神。

2 | 1

1. 這位婆婆的先生就是頭旗組成員，燦爛笑著迎接遶境隊伍。
   攝於二〇一六年

2. 婆婆穿著隆重的衣著，還特別做了頭髮，虔誠拿著香站在非常狹窄的巷子，等待媽祖鑾轎的到來。拍攝時我先站到婆婆身後，等到神轎到來，才捕捉到這個畫面。
   攝於二〇〇八年

不管路狹巷小，只要誠心所在，就是媽祖眷顧之地

內島里婆婆最後五年的身影

二〇一五到二〇一九年，我連續五年都在二媽遊庄時，拍攝了內島里這位婆婆。一期一會，每次二媽遊庄，最期待的就是看到這位婆婆，彷彿見到老朋友。二〇二〇年再去，沒看到婆婆，她家門口不見香案，門戶也關著。旁人告知，婆婆在二媽遊庄前一週已經離世。聽聞時，當場淚崩。雖然和她非親非故，甚至連她的名字都不知道，因為遊庄的因緣，每年和她有短暫的相遇，連續這麼多年都會見到，這次卻無法見到，我們知道隔年也不會再見到婆婆，非常落寞。如果不是疫情讓二〇二〇年的

2 | 1

1. 第一年
如同探望老朋友般，一期一會，住在南庄內島里的慈祥婆婆
婆婆住在三合院，第一次見到婆婆時，她戴著網帽，穿得很正式，開心地迎接二媽的到來。當時她還行動自如，精神抖擻地和我們打招呼。
攝於二〇一五年

2. 第二年
照府王爺為婆婆加持
婆婆身體老邁了些，但是還能走。照府王爺經過時，神轎側身為婆婆加持。
攝於二〇一六年

遊庄延後，而能在原本的時間如期舉行，就能見到她，婆婆也還有機會再見到她敬愛的媽祖婆。回頭看這連續五年的照片，剛好記錄了婆婆人生最後五年逐漸老去的身影變化。

不論進香或遊庄，過程中不斷要面對的是非常多人生負面的經驗，包括：老朋友的離去，體力上的不堪負荷，甚至可能受傷。縱使在這種狀態下，還是不能停，要保持往前走的動力。每年進香、遊庄的訓練是非常特別的，已經不是講什麼神蹟。它就是在一天之內，要體會起起伏伏、曲曲折折的人生縮影，看你用什麼態度去面對生老病死。

2 | 1
3

1. 第三年

山邊媽祖為婆婆加持

婆婆一如往常在家門口盛裝迎接，山邊媽遊庄經過婆婆家三合院時為她加持。當時婆婆還能站立，只是旁邊有椅子讓她休息。

攝於二〇一七年

2. 第四年

東龍宮關聖帝君為婆婆加持

婆婆已經坐在輪椅上，東龍宮關聖帝君經過時為她加持。

攝於二〇一八年

3. 第五年

最後一次拍到婆婆的身影

輪椅上的婆婆，看得出來身體已經很不好，即使如此，她依然堅持要在門口親自迎接媽祖到來。

攝於二〇一九年

攝影經驗談

為什麼每年都來拍？

若把照片顏色抽掉換成黑白，說這是廿年前拍的，也沒人覺得不像。歲月更迭，場景依舊，隊伍衣服不變，只有參與者臉上留下歲月痕跡。這場景再過廿年也可能依然不會改變，保留著地方原本特色，沒有商業行為，沒有摻雜複雜人為因素。單純地把從朝天宮進火帶回的福氣分送給在地居民，這是二媽遊庄不變的初衷。或許有人會問，為什麼不是拍一年就好，而要每年來拍？雖然場景類似，但對於拍攝的我，每年想法不一樣、境遇不一樣、心情也不同，每年去都有很多人生的疑惑在此被解鎖。

1. 二媽遊庄所走路線，與一般人想像中人潮聚集、熱鬧喧嘩的進香場面完全大異其趣。這是內島里往陳厝的產業道路上，人稱「過山」的地方，沿途看不到一支電線桿。

攝於二〇一八年

2. 站在過山的制高點等待遊庄隊伍經過，時光倒回幾百年前，體會開路的人或是墾荒的先民所經歷。這些在歷史課本上讀的，有沒有真正體驗過？二媽遊庄的路線，正是在地人的古道之旅。

攝於二〇一八年

穿林越野，勇往直前的頭旗

走在內島里往新埔里陳厝的過山，
原始山野小徑，體驗先民篳路藍縷遺風幾許

民眾在此處等待鑾轎，親迎媽祖鑾轎入庄，接轎完畢，歡喜迎駕入庄

陳厝居民一早就在此等待，準備換手抬轎，將媽祖迎進陳厝。對在地居民而言，媽祖神轎經過不只是稜轎腳，能親自為媽祖扛鑾轎是莫大的福分。

攝於二〇一五年．內島里往新埔里陳厝的過山

雖是荒山野嶺，也是遊庄必經之處

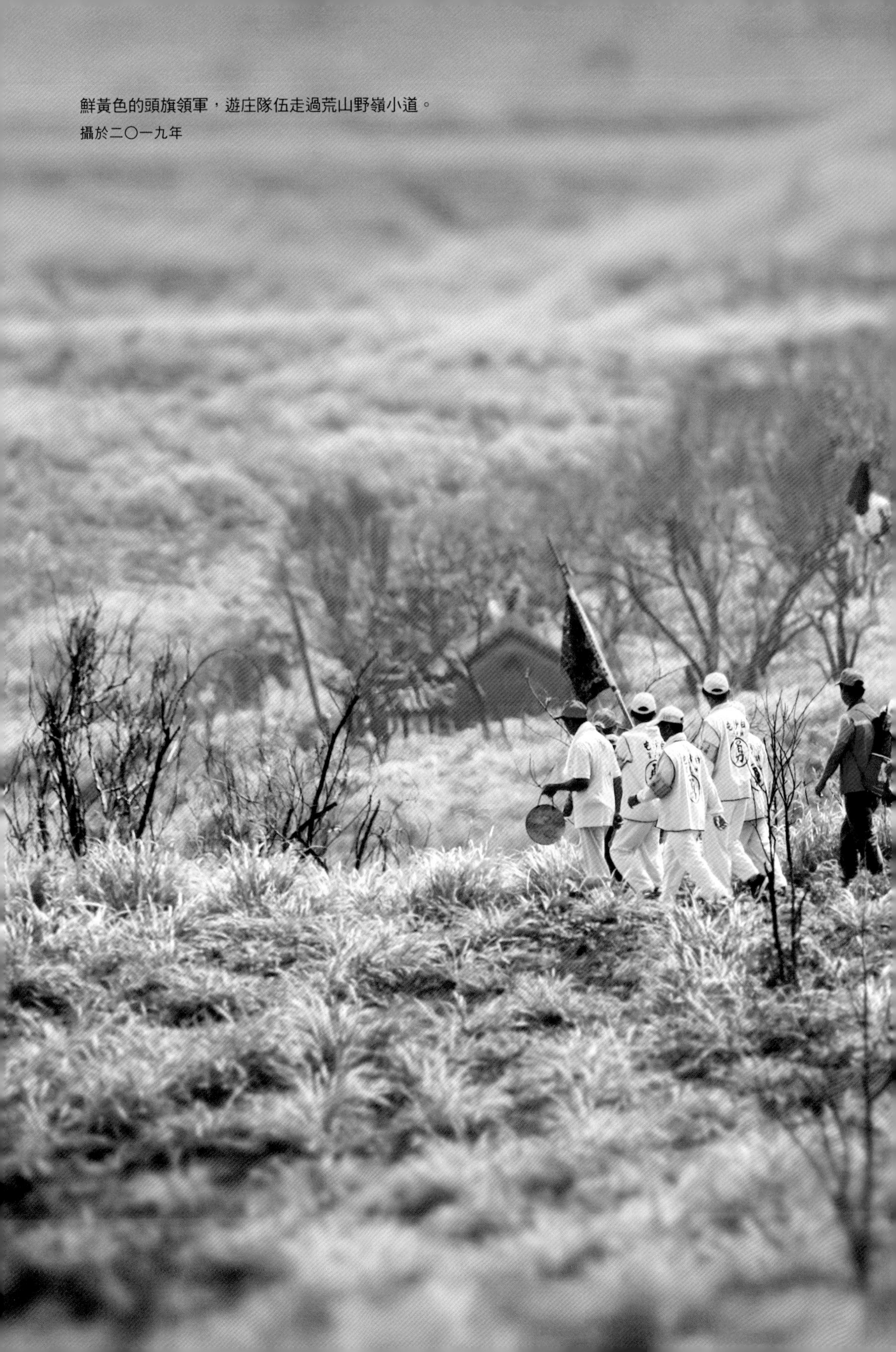

鮮黃色的頭旗領軍，遊庄隊伍走過荒山野嶺小道。

攝於二〇一九年

1
2

1. 途經西濱快速道路，與路過的重機騎士相映其趣

遊庄隊伍走過西濱公路的橋，順回拱天宮。拍攝時刻意把西濱道路納入畫面中，看到重機騎士呼嘯而過，現代感視覺跟前現代的傳統遊行隊伍相映成趣。

攝於二〇一六年

2. 遊庄路線，多為人煙稀少之荒地

二媽遊庄所經，常是人煙罕至之地，但仍然每年前來。

攝於二〇一五年

從母德宮望海，行走於稻禾與海岸共連的分際線

二媽遊庄過程會經過母德宮，在此休息看戲。從母德宮出發時，遠方海岸線出現眼前，正好也是插秧後稻田一片綠油油，稻禾跟海岸共連的分際線，綠藍相連，紅黃點綴，形成一幅令人心曠神怡的和諧畫面。

攝於二〇一八年

從拱天路陸橋上往下看的視野，鑾轎、鐵道與風車同框的景象

從這兩年剛修好的陸橋望去，通霄海邊常見的風力發電風車正好與鑾轎、鐵道一同收入眼簾，三個各不相關的元素，透過移軸鏡拍攝手法，凸顯通過海線鐵道的遊庄隊伍。

攝於二〇一九年

1
2

1. **白沙屯五雲宮的「雙少爺」，因為手互相搭肩，也稱為「披（Mua）少爺」**

兄弟倆前面手牽手，後面肩搭肩的囡仔神，是一百廿年歷史的白沙屯五雲宮的少爺神，來自福建富美宮。身為雙子座的我，覺得太有趣，一見如故，倍感親切，在他處從未看過這麼可愛的神。

攝於二〇一九年

2. 傳說照府王爺愛喝酒，為討祂歡心，準備了一手啤酒「孝敬」祂。每回以神轎側身撞擊，一次就神準開瓶。眾人嚷著：「不要給祂喝太多，待會兒轎班受不了！」

攝於二〇一八年

酒量超好的照府王爺

山邊照府王爺，
相傳爲平埔族的鳥神修煉而成，亦稱鳥王爺

戲劇演出不能只有主角唱獨腳戲，精彩絕倫的配角也是不可或缺。二媽遊庄時山邊媽的開路先鋒照府王爺，金身為黑面花臉，臉部花紋類似鳥類羽毛。根據文獻，十九世紀就存在的照府王爺，在山邊媽的宮裡前後有三尊，造型非常特別，每次去我都會拍攝。

攝於二〇一九年

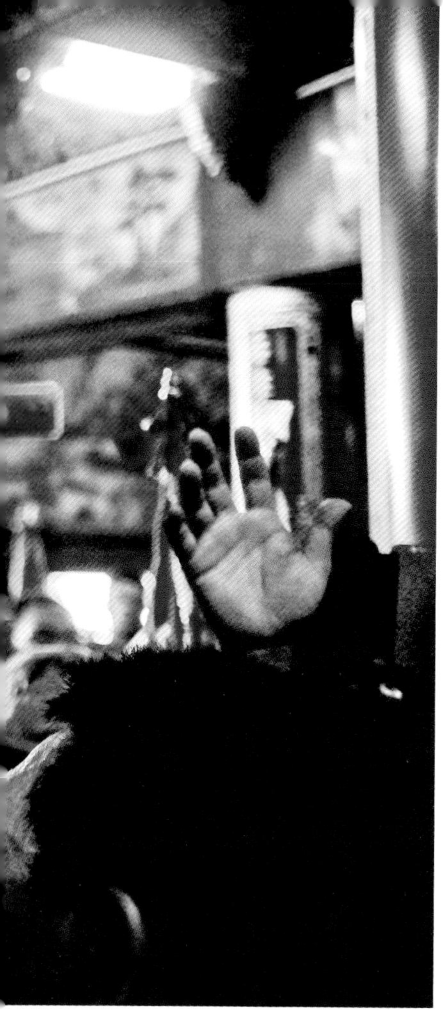

3 | 1
4 | 2

1. **回宮時分，頭旗一馬當先，衝鋒入廟**

   經過沿途翻山越嶺，二媽的鑾轎在下午回到拱天宮，頭旗在前面喊著「進啊！進啊！」衝進拱天宮。

   攝於二〇一六年

2. **報馬仔在二媽遊庄途中，必須不斷以米酒澆洗豬腳**

   報馬仔在回鑾或二媽遊庄都擔任畫龍點睛的功能。據說過程中他背著的豬腳不會腐爛也不會發臭，原來是用米酒進行消毒。

   攝於二〇一八年

3. 把二媽請出來放回神龕，結束二媽遊庄的儀式。

   攝於二〇一八年

4. **二媽鑾轎亦不遑多讓，直接衝上供桌**

   更有趣的是，二媽回宮時，一個箭步，整個鑾轎直接衝上了神桌。

   攝於二〇一九年

恭請二媽神尊回神龕

3 | 1 / 2

1. 3. 二媽和山邊媽的鑾轎乍看非常像，辨識方式有二：一是二媽鑾轎八人扛，山邊媽鑾轎四人扛。二就是轎頂獅子，山邊媽的獅子面朝前方（圖1），二媽的獅子面朝左上方（圖3）。

攝於二〇一九年

2. 二媽遊庄結束，拱天宮文化組參與記錄的成員一起合影。

攝於二〇一八年

拱天宮文化組成員合影

二媽轎頂的護轎神獸轎頂金獅

神祕經驗

拍攝祭典、廟會過程常講到的「信仰」和「迷信」，這兩個名詞很難被絕對切割，單看你用什麼角度去詮釋。其中，一定有一些我沒辦法用科學、精準的語言或已知的描述去解釋，只能分享我自己曾經遇到的狀況。你可以不相信別人的神祕經驗，但是你不能不相信自己的。

攔轎婦人家中有行動不方便的姐姐，臥病多年，想請媽祖婆到家中賜福。剛開始是被拒絕的，她鍥而不捨一再跪求，突然神轎一個九十度急轉彎，脫離原本的主要路線台一省道，直奔請願人家中而來。這才明白，之前聽聞白沙屯媽祖行蹤飄忽不定，曾在毫無預警之下，停駕北港醫院急診室，絕非訛傳！今日得以親眼目睹，何其有幸！

攝於二〇〇六年

起駕隔日行經台中清水，遇一婦人攔轎請求

台中清水攔轎婦人家中

2 1
3

1. 一路跟著尾隨狂奔，見證白沙屯媽祖的傳奇進行曲。一進門，所有人都跪拜迎接，這種跪拜場面，在小時候的迎神記憶中司空見慣，但這些年來已少見，沒想到在這裏，卻屢見不鮮。難怪二哥（王榮裕）一直跟我說，很多傳統的感動，一定要自己來走過才會知道。
攝於二〇〇六年

2. 這戶人家是清水鎮世淵醒獅團，鑾轎進屋時，只有開路鑼鐺鐺響音，一聲接著一聲，在狹小空間中迴盪。突然間，我感到一股非常溫暖的特殊力量盈貫滿室，很像母親雙手撫慰著離盪異鄉的遊子，不自覺眼眶滾滿淚水。
那種神祕的「高峰經驗」，是小時候最初接近神明的敬畏尊敬，卻又心生慈悲的感動！久久無法言語，也不需要言語。我想，這一家人在媽祖親臨加持後，心靈上一定充滿正面能量，有能量的信仰就能產生力量，勇敢去面對困難，解決問題，這才是媽祖出巡，視察民間疾苦的真義啊。
攝於二〇〇六年

3. 當時突然心生一問：這麼狹長空間，轎子不能倒退也無法迴轉，要怎麼出去？邊按快門卻被鑼聲牽引，不由自主淚水滿眶，就在摘眼鏡拭淚、再戴回眼鏡的一下子功夫，鑾轎卻已不知如何在原地一百八十度掉頭完畢。我尚未回神，鑾轎已衝出民宅，繼續下一個未知的行程。路旁早已跪滿等待「稜轎腳」的民眾，馬頭鑼繼續敲響，下一個疾難在哪裡，白沙屯媽祖的腳步就往哪裡前進！
攝於二〇〇六年

攔轎婦人家中是世淵醒獅團

進入狹小鼓店空間的媽祖鑾轎，沒注意的當下，竟然已經一八〇度掉頭出來

輪椅婆婆與三太子的對話

當時因受傷落伍於遊庄隊伍之後，神轎已回鑾。慢慢走在回拱天宮路上，正前方看到三太子輦轎入廟完正準備回宮，左邊巷子有位坐輪椅的婆婆在家宅院子，我直覺輦轎一定會轉進去，一個箭步衝到婆婆前面等。

攝於二〇〇八年

果然，本來直行的輦轎立刻斜衝到婆婆面前為她加持。拍到婆婆與三太子對話的照片，當時看著就落下淚來，邊哭邊按快門。

後來問婆婆跟太子爺講什麼，八十多歲婆婆說：「阮跟太子爺說，阮得皮蛇（帶狀皰疹），身體艱苦，那乎阮身體卡快活，阮就去廟裡給恁拜拜（我跟太子爺說，我得了皮蛇身體痛苦難過，如果讓我身體好一點，就去廟裡給祢拜拜）。」

這次神祕經驗帶給我很重要的想法。關於信仰，神明不該只是高高在上被供奉在殿堂，應該深入民間。像婆婆這樣年紀大了又生病，通常不太願意出門，當知道媽祖、神明將要經過家門口，她們會打起精神精心打扮，親自在門口隆重地迎接。對年老或久病纏疾的人，面對負面能量時能有神明願意來加持，讓她們燃起希望的力量。

信仰是什麼？就是根植於生活，不論信仰什麼宗教，要能支撐你正面地、愉快地活下去。你相信的，就是信仰所在。

2 | 1

1. 多向路口旋轉辦事

在一個多向的路口，神轎一直左繞右繞旋轉著，延遲不少時間，突然間衝過來，用轎頭撞擊交通號誌桿子。雖然媽祖是溫柔的神明，但遇事也是會辦事情的。根據一旁的耆老說明，可能是在處理交通事故的狀態，這個地點有些我們看不到的、無形的負面能量。轎班的表情和平常很不一樣，莊嚴中帶點兇惡，可能不是很順利。這景象是我跟著白沙屯媽祖進香這麼多次中，少見的一次經驗。

攝於二〇一六年

2. 距拱天宮最近的廟宇就是天德宮，主祀五府千歲，也是在地重要信仰。二媽遊庄時，拱天宮文化組執行長洪建華和我們走在路上，邱二王爺神轎突然靠近，用輦轎龍頭碰觸撞擊洪建華肩頭。

我問洪大哥怎麼了，原來他肩痛很久，右手無法伸直，為了進香忙了十多天沒能好好休息，也沒時間去治療。但神轎這麼一撞，五分鐘後，他竟然就不痛了，手也能伸直無礙。這算神療法嗎？我對洪大哥非常瞭解，他不可能也沒必要說謊。雖然不是發生在自己身上，親眼目睹，也無法解釋。

攝於二〇一九年

天德宮邱二王爺用轎架爲文化組執行長洪建華治療手疾

溝皂里八十歲婆婆的神奇飛速搭載

進香倒數第二站溝皂里，為了拍攝這個畫面，兩小時前我就已在田裡等待。拍完後從田裡繞回道路，已經跟不上快速移動的隊伍。前一天連走六小時，雙腳腫脹不舒服而無法追趕。回報文化組洪大哥，下一站來不及趕過去，今年就拍到這裡。

才說完，一位八十多歲婆婆騎機車經過，看我一眼：「要去北辰嗎？」有在地人搭載，能多拍一點，當然說好，她便叫我上車。

進北港縣道 158 已擠滿了人無法通過，婆婆反向繞了好大一圈走鄉間小路，騎得很快。曾在二媽遊庄出現過的時間感消失的感覺又來了，只覺得整個人非常開心。婆婆長什麼模樣不記得了，過程中也沒幫她拍照，就享受著那個當下，只是沒什麼時間感。

路上我們沒有交談，還下著小雨，突然之間覺得困惑，為什麼八十歲婆婆卻飄來少女體香？突然間停下，她指著前方：「你不是要上洗手間嗎？」才下車一轉頭，婆婆已不知去向，來不及遞名片道謝。上完廁所出來，右邊就是北辰派出所。看時間，竟然比隊伍提早廿分鐘到。我無法解釋，為何能這麼飛快地抵達北辰。

攝於二〇一八年

追隨信眾

3 2 | 1
4

1. 在路旁跪拜迎駕的母子。
攝於一九九〇年，雲林西螺．大甲媽祖遶境進香

2. 童稚的容顏總是最吸引鏡頭的焦點。
一九九〇年，雲林西螺．大甲媽祖遶境進香

3. 阿弟！你別怕，阿兄保護你！
攝於二〇〇五年，嘉義新港奉天宮．大甲媽祖遶境進香

4. 我家的車就是神明的移動行宮。
攝於二〇〇五年，雲林西螺．大甲媽祖遶境進香

2 | 1

1. 盛裝進香的婆婆。
攝於二〇〇七年，白沙屯拱天宮．白沙屯媽祖起駕

2. 能夠扛上一會神轎，對老人家而言，是莫大的喜悅。
攝於二〇〇八年，通霄白沙屯．白沙屯二媽遊庄

3 | 1
4 | 2

1. 二媽停駕處，婆婆穿著正式的打扮來跪拜。
攝於二〇〇八年，通霄白沙屯・白沙屯二媽遊庄

2. 正在稜轎腳的可愛小女孩。
攝於二〇〇八年，通霄白沙屯・白沙屯二媽遊庄

3. 等待稜轎腳的母女。
攝於二〇一六年，通霄白沙屯・白沙屯媽祖起駕

4. 等待稜轎腳的民眾，婆婆喜見媽祖之情溢於言表。
攝於二〇一六年，白沙屯媽祖進香

3 | 1/2

1. 戴著媽祖頭巾的香燈腳，合掌目送媽祖鑾轎起駕。
攝於二〇一六年，白沙屯媽祖進香

2. 跪拜等待換花的民眾。
攝於二〇一六年，白沙屯媽祖進香

3. 抬轎不僅是一種榮耀，更考驗抗壓的能耐。
攝於二〇一七年，通霄白沙屯．白沙屯二媽遊庄

2 | 1
3

1. 外國朋友對輦轎充滿好奇。
攝於二〇一八年，通霄白沙屯・白沙屯二媽遊庄

2. 多功能的隨香推車，承載著信眾最強大的誠意。
攝於二〇一六年，雲林元長・大甲媽祖遶境進香

3. 騎著單車隨行的父子相對而視，相信必是永遠難忘的經驗。
攝於二〇一八年，台中清水・白沙屯媽祖進香

稜轎腳的婆婆。

攝於二〇一八年，通霄白沙屯・白沙屯二媽遊庄

照府千歲與小朋友。
攝於二〇一九年，白沙屯二媽遊庄．白沙屯

九份迎媽祖

九份迎媽祖是一種特別的遶境。「水金九」指的是：水湳洞、金瓜石、九份。水湳洞、金瓜石還是維持媽祖生日農曆三月廿三日這一天迎媽祖的傳統，只有九份訂在每年農曆四月一日。

九份以採礦聞名，當地最早的一座廟是土地公廟福安宮，它是大廟加小廟，舊廟包在新廟裡。民眾認為採礦是土地公給的恩賜。第二個就是拜關公的聖明宮，因為開始

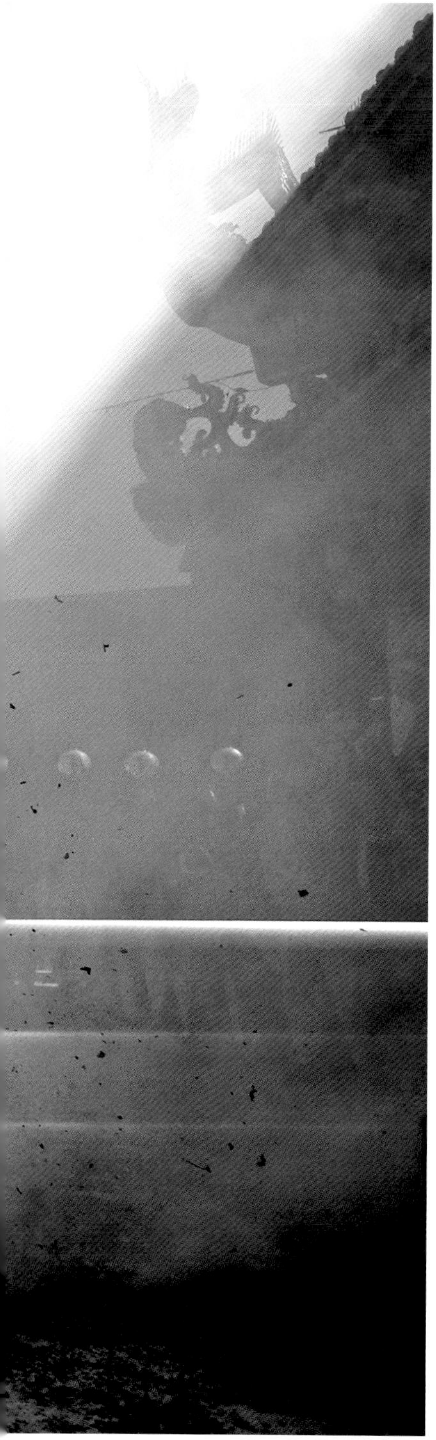

農曆四月一日九份迎媽祖這一天，所有人都集結到聖明宮前出發。各路宮廟、陣頭都往這裡移動，包括大仙尪仔。一個畫面裡同時有陽光普照也有陰暗面，彷如穿越陰陽界。數位相機拍攝下，炮炸會有速度感的光條狀，這是底片機不會有的狀況。

攝於二〇一五年

直闖陰陽界

有人做生意，關老爺是講信用的代表，成為商人拜的神明。九份雖然有迎媽祖活動，但沒有媽祖廟。當年九份鬧瘟疫，關老爺和福德正神都鎮不住，於是對外尋找能夠鎮壓的媽祖。最後找到北台灣歷史最久的媽祖廟——關渡宮的黑面二媽，才把瘟疫制住。

每年遶境前一天，從關渡宮把黑面二媽請來，住在聖明宮偏殿，隔天一早從正門迎請開始遶境遊行。

九份是座山城，地理環境特殊，道路彎曲且陡峭。許多人從侯孝賢導演、吳念真劇本的電影《戀戀風塵》、《戲夢人生》認識了九份。在這樣的偏鄉遶境，風格隱約和白沙屯二媽遊庄相呼應。有人笑稱，這是全台灣時間最短（一天之內）的遶境，但卻最耗體力。最棒的是，遶境過程可以同時看到山與海的優美風光。

1 | 2

1. 大家熟悉的千里眼、順風耳，迎媽祖少不了金精將軍（千里眼）和水精將軍（順風耳）兩位媽祖的護駕，準備往聖明宮集結。
攝於二〇〇七年

2. 民間熟悉的七爺八爺，又稱謝范將軍，是冥界大神。身材高挑的是七爺謝將軍（髝爺），照片上這位走在上坡路的是八爺范將軍（矮爺）。
攝於二〇〇七年

集結號聲響起，神人同行彎曲山徑

快點，謝老大在等我

遶境隊伍從聖明宮起駕

大仙尪仔的神偶在廟前互相展演的動作，乍看好像在跳雙人舞。
攝於二〇〇七年

攝影經驗談

遠拍融入地景，襯托主題

廟會攝影，一種是定點埋伏，一種是走在前面。心裡盤算要拍攝什麼樣的大景，用什麼角度。不同角度會拍出不同畫面、不同氛圍。下圖拍攝地剛好有個制高點，在這位置取景呈現遶境遊行和當地地形關係。遠眺可以找到相對地理位置，比單獨拍一尊七爺或八爺還有意思，和環境融為一體。山海同框，這種特殊景色也只有九份、白沙屯才有，而九份和白沙屯的地貌又有所不同。

可以同時看山又看海的特殊遶境規格

1
3 | 2

1. 關渡宮的黑面二媽因為神尊巨大而有「大箍 (tu-khoo) 媽」外號。神尊入轎再組合轎身方式也很特別，讓人想起早年的卡通《無敵鐵金剛》中經典台詞「指揮艇組合」！不得不佩服先民的智慧，製作出這樣的轎子。
攝於二〇一五年

2. 大仙尪仔走在九份山裡，所經道路的高度可以一邊看山、一邊看海，景象很特別。
攝於二〇〇七年

3. 前一天從關渡宮請來的黑面二媽，先入住聖明宮，巨大神尊（約一百五十公分高）要六人一起抬駕。
攝於二〇〇七年

2 | 1

1. 給我五！祝妳生意興隆

Q 版的頭、神將的體，大仙尪仔和店家熱情互動。個人很樂見這種 Q 版大型公仔的演出，神將不只是驅邪，同時帶給店家祝福和歡樂，這很是加分，想出這個點子的人很厲害。

攝於二〇一九年

2. 聖明宮出發後一直走，一路經過墓仔埔，到了最有名的老街基山街。一般隊伍通過沒什麼問題，大仙尪仔太高了，要有人扶或蹲下來才有辦法通過。神明也必須下腰，十分有趣。在這樣很狹窄的空間，我用了魚眼鏡頭，特色就是以廣角的角度將狹窄空間的資訊都拍攝下來。魚眼拍的照片也會有變形效果，現代的觀光市集裡，前現代的神像視覺通過後現代建築的畫面，看起來非常有趣。視覺有牽引的效果，看東西時不是規律在看，畫面透過色塊等串起視覺動線。現場看到這些東西，瞬間決定這麼拍攝。

攝於二〇〇七年

太高的大仙尪仔進入基山老街要非常小心

長知識　九份最老廟宇——福山宮

福山宮是九份歷史最悠久的廟，清代光緒年間，金瓜石發現金礦而湧來人潮。改建時將古早老廟包在新廟內，形成大廟包小廟。廟內浮雕有四位飛天裸女，是廟宇罕見特別之處。一般土地公廟只有土地公，不一定會有土地婆，福山宮這裡就有。

有時個頭高，不見得是件好事

神將比隧道還高，彎腰蹲下也無法通過，只好扛著走。

攝於二〇一五年

通過隧道前往頌德社區

九份位於山中，難免會有隧道。基山街到底經過一個隧道來到頌德社區。
從隧道裡面拍到福山宮神轎通過。
攝於二〇一五年

最後直上豎崎路，是對轎班體力最大的考驗

遶境完從頌德社區出來經過汽車路，在霞海城隍廟口進行很多表演。這座城隍廟是大稻埕城隍廟的分靈。《悲情城市》電影也曾出現的豎崎路，顧名思義這個陡峭的路就像天梯一樣，又窄又陡。終點是九份國小，在那裡備著九份芋圓，準備慰勞遶境的隊伍，但要先走完豎崎路才行。

幾次拍攝的觀察，大仙尪仔到這裡就先解散，因為走起來太艱難了，他們看不到階梯。攻頂的只有神轎，要有十幾個人在旁邊候著，萬一有人體力不支便能立刻遞補。最耗費體力的這段攻頂，成為九份遶境最後的重頭戲！

攝於二〇〇七年

山城遶境特有的虛幻景觀

拍太多近身的畫面，是屬於快照（snap）的記錄方式，這張照片則是拉遠拍攝。原本近看是巨大神像，但是相對於山景環境卻變得微小。透過移軸鏡這種極具特色風格的拍攝手法，進行「擬假」（把真的拍得彷彿是假的），真實發生、一般人已經很熟悉的祭典場景，用特殊鏡頭的語言，拍得宛如模型。用移軸來記錄祭典，是我專題拍攝的系列之一。

攝於二〇一五年

之四
廟會人物

在拍攝廟會祭典的過程中，最令我感到興趣的不是科儀本身，那個系統太龐大、複雜，不是我的專業能力可以駕馭的。反倒是來參與過程的人們，特別是那些有神職在身的，在神與人之間身分的切換，背後一個個不同的故事，特別令人著迷。所以特別在這裡選出一些影像張力較強的照片，在目眩神迷之餘，或許另有一番有別於「神威」，帶著更多人味的「神韻」。

女性神職人員

官將首：相傳為新莊地藏庵（大眾廟）所發展出來的陣頭，與八家將裝飾有所不同，假牙與雲肩最易識別。

攝於二〇〇八年，南鯤鯓代天府

她不兇，她是我媽媽

三太子乩身

2 1
3

1. 攝於二〇一五年，東港東隆宮・請水

2. 攝於二〇一五年，東港東隆宮・遶境

3. 攝於二〇一五年，東港東隆宮・請水

中壇元帥乩身

東港福龍堂耿府千歲乩身

2 | 1

1. 降龍羅漢濟公乩身
攝於二〇〇八年，南鯤鯓代天府

2. 攝於二〇一五年，東港東隆宮・請水

東港龍益宮中壇元帥乩身

爲神服務

玄武宮八家將嘴穿鋼針，以血見性

攝於二〇〇八年，南鯤鯓代天府．池王爺香期

手持五寶，入海迎王

在鎮海公園海邊，操著鯊魚劍的乩童，半個身軀浸在海水中，為迎接王駕開路，氣勢萬千！

攝於二〇〇六年，東港．迎王請水

2｜1

1. 癸未正科，下中街輪值大千歲，小朋友身著正黃色服飾，走在拉縴傳承路上。

   攝於二〇〇三年，東港東隆宮・王船遶境

2. 鸞生就是門生，是皈依在正神爐下的弟子，亦稱「鸞手」，在扶鸞、扶乩儀式中負責扶持鸞駕、乩筆在沙盤上寫字的執事人員。

   攝於二〇〇三年，東港東隆宮・遶境

東港忠烈宮．鸞生迎駕

高雄茄定白砂崙萬福宮八家將

攝於二〇〇八年，灣裡萬年殿

手持驅邪虎牌的小女孩與一旁的藝陣人員

攝於二〇〇八年，灣裡萬年殿

3 2
4 1

1. 抱著天上聖母媽祖神像準備登船遊江的民眾。
攝於二〇一七年，基隆外木港協安宮

2. 恭迎千歲帥旗
癸未正科，下中街輪值恭迎「封府大千歲」帥旗。
攝於二〇〇三年，東港東隆宮・請水

3. 澎湖・小法
「小法」是澎湖在地特有的神職人員，又稱「福官」或「法官」，服務神與人，內容包羅萬象，訓練過程相當艱辛，與乩童搭配，缺一不可。
攝於二〇〇八年

4. 屏東東港豐隆堂北斗星君統兵府楚府千歲駕前的護法：十三金甲戰帥陣。臺灣目前唯一的十三金甲戰帥陣，十分特殊。源於封神榜中，西岐之戰時戰歿的各類修成仙道的神獸，於封神台被敕封為北斗星君駕前護法。
攝於二〇〇六年，東港東隆宮・遶境

十三金甲戰帥陣

3 | 1/2

1. 武德宮楊府元帥乩身

攝於二〇〇七年，台南十三甲武德宮．送王

2. 操七星劍的乩童

攝於二〇〇八年，南鯤鯓代天府．池王爺香期

3. 「班頭」職務相當於古代衙門之衙役，為東隆宮轄下之振武堂之成員。平時於宮前替善男信女做祭改的工作，當溫王爺要出巡時，則負責開道護衛的工作。

攝於二〇一五年

東港東隆宮・班頭

誠心誠意

「棟榔掃帚」俗稱天地帚，又稱福帚，在傳統民間社會，有掃天煞、掃地煞驅邪避凶的功用。我奶奶在世時，在東港迎王期間，就是擔任前導掃街的職務，一直到她去世。

攝於二〇〇六年，台南安定長興宮・請王

前導掃街的婆婆

3 | 1 / 2

1. 就算行動不便，也要虔誠參與的民眾

攝於二〇一五年，東港東隆宮．迎王

2. 我的命，是媽祖救的！

她是白沙屯鐵道管理員，也是媽祖的忠誠信徒。在休息室中貼滿各個年份的媽祖月曆，據說家中更多，牆上滿滿都是。她說：「我的命，是媽祖救的！」

攝於二〇一八年，白沙屯拱天宮．二媽遊庄

3. 住在白沙屯拱天宮旁，迎拜二媽鑾轎的婆婆。

攝於二〇一八年，白沙屯拱天宮．二媽遊庄

虔誠迎接二媽的婆婆

休息一下

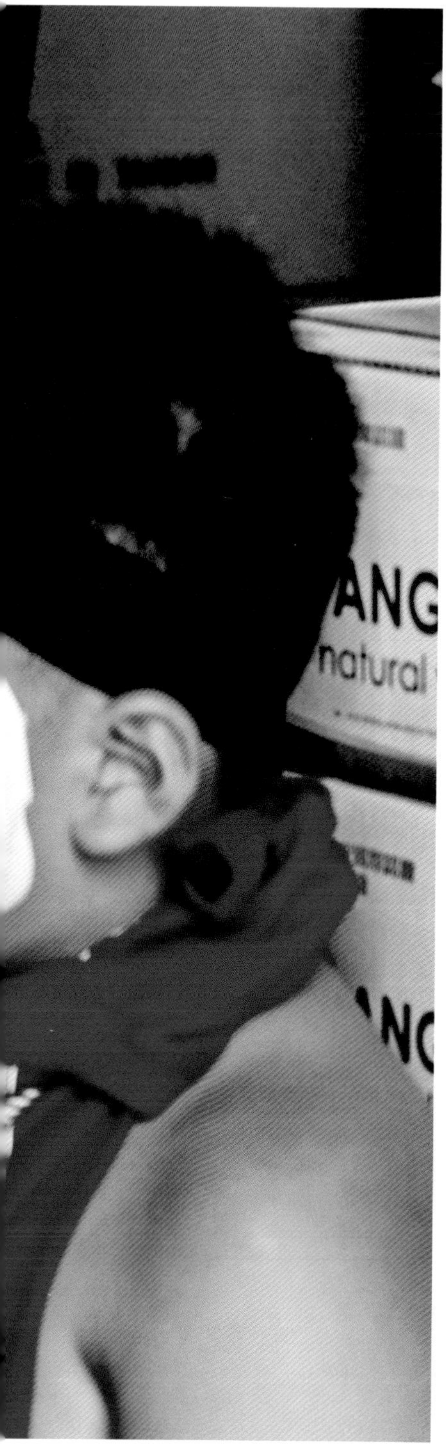

看手機的中軍府

輪值中軍府（白色）的下中街轎班。

攝於二〇一五年，東港東隆宮・遶境

五毒大神打電動

扮演五毒大神陣的畢竟是小孩，視線離不開現代文明的產物。

攝於二〇一五年，東港東隆宮．遶境

3 | 1 / 2

1. 鋼管秀在廟會也是常見的另類表演。
   攝於二〇〇八年，南鯤鯓代天府・池王爺香期

2. 十二婆姐陣，是「註生娘娘」與「臨水夫人」廟衍生出來的藝陣，具有保宅安產、收驚護嬰、驅煞等作用，扮演者多為男性。
   攝於二〇〇八年，南鯤鯓代天府・澎湖遶境

3. 扮演關公的高蹺陣人員。
   攝於二〇〇八年，南鯤鯓代天府・澎湖遶境

關公高蹺陣

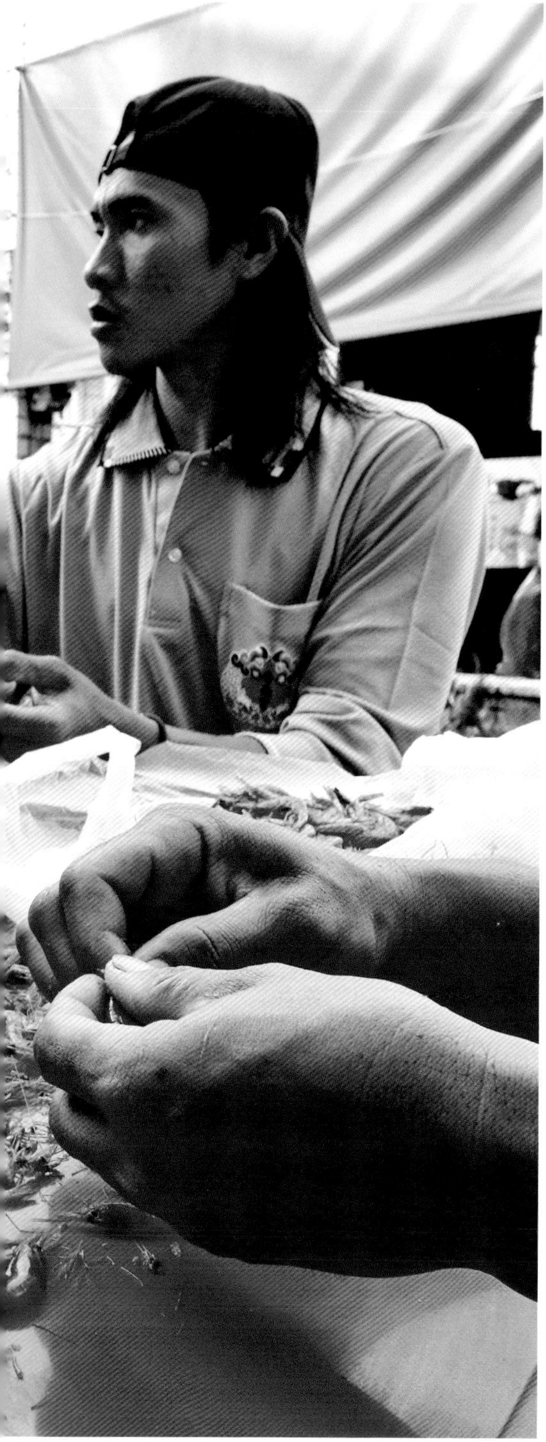

異國風

因迎王暫停捕魚作業的外籍朋友們，協助僱主整理蝦貨。

攝於二〇一五年，東港東隆宮 · 迎王

迎王期間的外籍漁工

2 | 1
3 |

1. 受日本文化影響的御輿團

灣裡萬年殿御輿團，從日本電影靈感模仿而組成的陣頭。

攝於二〇〇八年，台南灣裡萬年殿・戊子科五朝王醮

2. 台灣長照系統，外國朋友功不可沒。

攝於二〇一七年，白沙屯拱天宮・二媽遊庄

3. 代雇主參陣的外勞朋友們，敲擊出有別於一般傳統廟會樂曲的搖滾風。

攝於二〇〇六年，東港東隆宮・迎王

陪婆婆迎接神明的外籍看護

之五

被發明的傳統

祭典科儀是人們為了祭祀天地鬼神所衍生的儀式。在這過程中，常常可以見到因時制宜所變化出既不失其先民原意，卻又充滿創意的庶民美學裝置藝術品。所謂「外行看熱鬧，內行看門道」，這些裝置藝術在當下可能是創新，但假以時日，就會成為「被發明的傳統」，常常會令人在一絲絲驚艷（或驚嚇）後，莞爾會心一笑。

3 | 1
4 | 2

1. 陣頭小丑

藝陣：藝閣與陣頭。此為自衍生的小丑，挺像孫越叔叔的。

攝於二〇〇五年，台南北門三寮灣・東隆宮送王

2. 鱷魚上供桌

這可不是模型，是實體的標本！

攝於二〇一四年，台南南鯤鯓代天府・羅天大醮

3. 白米堆神鰲

普渡壇完全是庶民創意競技場，這是用米包跟保麗龍堆成的神鰲。

攝於二〇一四年，台南南鯤鯓代天府・羅天大醮

4. 宋江一〇八雞

創意無極限的宋江一〇八雞！看到那個畫著清楚五官的蛋頭，下巴真的是掉了下來。

攝於二〇〇五年，北門三寮灣東隆宮・普渡

賣魚鄉親共組御輿團

御輿團首創於民國四十九年（一九六〇年），由灣裡省躬里鄉親看日本電影學來的，再由一群賣魚的鄉親決議共同組團，由「順意仔」任教授藝，來響應萬年殿「庚子科王醮」，並一直傳承至今。主要的背景音樂有日本海軍進行曲、桂河大橋、蘇武牧羊。

鼓聲是演出的主節奏，展演人員編制：隊旗三名（兩班人員輪流）、秩序維持旗四名（兩班人員輪流）、扮日本舞者女生廿至廿四名、打鼓一名（三人輪流表演）、小扇一名（三人輪流表演）、大扇二名（四人輪流表演）、扛轎十二名、打敲廿四名（與扛轎者互為輪流扛轎）。

攝於二〇〇八年，台南灣裡萬年殿・戊子科五朝王醮

萬年殿
御輿團

3 | 1 / 2

1. 玩偶山豬參加建醮

原住民的獵山豬儀式，也被轉化為以玩偶代替的方式融入建醮中。

攝於二〇〇八年，台南灣裡萬年殿・戊子科五朝王醮

2 廟會鋼管秀

台灣特有的電子花車及鋼管秀。

攝於二〇〇八年，台南佳里子龍廟・普渡

3. 創意電動代拜機

超有創意的 AI 電動代拜機，拍過這麼多場廟會，僅在此處見過。

攝於二〇〇八年，台南佳里子龍廟・普渡

豬隻蒙太奇拼貼

普渡壇上的「肉山」，用豬隻戴上各種珍禽異獸的面具及獸紋披風，完全是一種蒙太奇的拼貼氛圍。

攝於二〇〇七年，台南西羅殿・普渡

電音三太子跳街舞

電音三太子與街舞融合，創出人神共歡的新形象。
攝於二〇〇八年，南鯤鯓代天府・池王爺香期

2 | 1

1. 普渡桌上見唐僧

普渡壇上的西遊記。

攝於二〇〇八年，台南佳里子龍廟・普渡

2. 我拜媽祖，你拜手機

各有信仰。

攝於二〇一六年，大甲鎮瀾宮

山澤通氣

這是我的家鄉，歡迎來參與迎王盛典，但請別留下垃圾！
攝於二〇一二年，東港東隆宮‧送王

瘟疫王船帶走，
垃圾遊客自己來

朝聖台灣

燒王船、迎媽祖，一位攝影記者的三十年祭典行腳

攝影・口述　陳逸宏
文字撰述　沈維巖
審定　白沙屯拱天宮文化組執行長洪建華
選書　陳慶祐

編輯團隊
美術設計　Rika Su
特約編輯　沈維巖
責任編輯　劉淑蘭
總編輯　陳慶祐

行銷團隊
行銷企劃　林瑀・陳慧敏
業務發行　駱漢琦
營運顧問　郭其彬

出版　一葦文思／漫遊者文化事業股份有限公司
地址　台北市松山區復興北路 331 號 4 樓
電話　(02) 2715-2022
傳真　(02) 2715-2021
服務信箱　service@azothbooks.com
漫遊者書店　www.azothbooks.com
漫遊者臉書　www.facebook.com/azothbooks.read
一葦臉書　www.facebook.com/GateBooks.TW
營運統籌　大雁文化事業股份有限公司
地址　台北市松山區復興北路 331 號 11 樓之 4
劃撥帳號　50022001
戶名　漫遊者文化事業股份有限公司
初版一刷　2021 年 5 月
初版二刷　2022 年 2 月
定價　台幣 650 元
ISBN　978-986-99612-4-0

國家圖書館出版品預行編目（CIP）資料

朝聖台灣：燒王船、迎媽祖，一位攝影記者的三十年祭典行腳／陳逸宏攝影・口述,沈維巖文字撰述; -- 初版. -- 臺北市：一葦文思，漫遊者文化事業股份有限公司出版；2021.05

336面；17×23公分

ISBN 978-986-99612-4-0 (平裝)

1.臺灣文化 2.民間信仰 3.宗教文化

733.4　　110005519